freundin
RATGEBER

Psychoterror am Arbeitsplatz
Mobbing

Brigitte Huber

FALKEN

Zum gleichen Themenbereich sind in Kooperation mit freundin bereits folgende Titel erschienen:
Susanne Stein, Die richtige Bewerbung (1210)
Gertrud Teusen, Neu im Job: So überzeugen Sie (1259)
Christa von Bernuth, So komme ich im Beruf voran (1381)

Unser Beitrag zum Umweltschutz:
Papier aus chlorfrei gebleichtem Zellstoff

Die Deutsche Bibliothek – CIP-Einheitsaufnahme

Huber, Brigitte :
Psychoterror am Arbeitsplatz – mobbing / Brigitte Huber. –
Niedernhausen/Ts. : FALKEN, 1993
(Freundin-Ratgeber)
ISBN 3-8068-1434-1

ISBN 3 8068 1434 1

© 1993 by Falken-Verlag GmbH, 65527 Niedernhausen/Ts.
Die Verwertung der Texte und Bilder, auch auszugsweise, ist ohne Zustimmung des Verlags urheberrechtswidrig und strafbar.
Dies gilt auch für Vervielfältigungen, Übersetzungen, Mikroverfilmung und für die Verarbeitung mit elektronischen Systemen.
Herausgeber: Eberhard Henschel, Chefredaktion freundin
Redaktion: Matthias Libera, FALKEN Verlag; Edda Küffner, freundin
Titelbild: Ifa-Bilderteam/Bumann, München-Taufkirchen
Illustrationen: Bengt Fosshag, Frankfurt a. M.
Die Ratschläge in diesem Buch sind von der Autorin und vom Verlag sorgfältig erwogen und geprüft, dennoch kann eine Garantie nicht übernommen werden. Eine Haftung der Autorin bzw. des Verlags und seiner Beauftragten für Personen-, Sach- und Vermögensschäden ist ausgeschlossen.
Satz: Fromm Verlagsservice GmbH, Idstein
Druck: Wiesbadener Graphische Betriebe GmbH, Wiesbaden
817 2635 4453 6271

Inhaltsverzeichnis

Mobbing – was ist das denn? Noch vor wenigen Jahren konnte sich niemand etwas unter diesem Begriff vorstellen. Erst seit kurzer Zeit, aber in rasantem Tempo verschafft sich dieses Thema quer durch die Medien ein Forum und stößt dabei auf gewaltiges Interesse. Kein Wunder, denn »Mobbing« steht für ein Problem, das viele betrifft und fast jeden etwas angeht: Für den ebenso alltäglichen wie dramatischen Psychoterror am Arbeitsplatz. Für die Schikanen zwischen Kollegen. Für die systematischen Boshaftigkeiten, mit denen Chefs ihre Untergebenen attackieren. Oder auch umgekehrt.

Mobbing – also nur ein neues Wort für die Intrigen und Feindseligkeiten, unter denen berufstätige Frauen und Männer schon immer zu leiden hatten? Eine peppige, neue Verpackung für ein altes Nebenprodukt der Arbeitswelt? Natürlich gab es den Kleinkrieg im Büro schon, bevor der Begriff Mobbing geprägt wurde. Und damit auch unzählige Betroffene, die durch gezielte Schikanen mürbe und letztlich krank gemacht wurden, ohne ihr Leid offen zu zeigen – aus Scham oder Angst, ihre Situation zusätzlich zu verschlimmern. Wagte es dennoch jemand, seinen Fall publik zu machen, war das eben die unrühmliche Ausnahme. Folglich meldeten die Betriebsspitzen unisono: Psychoterror? Aber bei uns doch nicht! Doch das Schweigen ist durchbrochen, das Tabuthema kommt ins Gerede und verschafft sich zunehmend Gehör. Die ersten Ärzte und Psychologen schlagen Alarm. Die ersten Opfer fangen an, sich gegen ihre unerträgliche Situation zu wehren. Die ersten Firmen beginnen umzudenken, über Vorbeuge- und Lösungsmöglichkeiten nachzudenken. Dazu ist es auch höchste Zeit.

Was wir heute über Mobbing wissen, ist größtenteils der skandinavischen Forschung zu verdanken. Kein Zufall: In diesen Ländern gibt es Gesetze, die nicht nur das physische, sondern explizit auch das psychische Wohl der Arbeitnehmer schützen sollen. Dementsprechend fließen auch Forschungsgelder in diesen Bereich der Wissenschaft.

Daß das Problem Mobbing in Deutschland ebenso ernst genommen werden müßte, steht außer Frage. Denn leider spricht vieles dafür, daß der systematische Zermürbungskrieg am Arbeitsplatz in den letzten Jahren an Schärfe und Vehemenz noch zugenommen hat. Die Ursachen sind offensichtlich: Die vielzitierte Ellbogengesellschaft ist leider keine Medienerfindung. Wissenschaftler registrieren einen allgemein steigenden Aggressivitätspegel in der Gesellschaft, in den Betrieben nimmt der Leistungsdruck zu. Die Rezession, verbunden mit der wachsenden Bedrohung von Arbeitslosigkeit, tut ihr übriges. Der Boden, auf dem die Mobbing-Auswüchse gedeihen, ist fruchtbarer denn je. Um die Saat im Keim zu ersticken, sind Wissenschaftler, Unternehmensführungen, Gewerkschaften, Krankenkassen, Betriebsräte und -ärzte gefordert. Aber auch jeder einzelne kann einiges dazu beitragen, um sich selbst und andere zu schützen oder sich wirksam zur Wehr zu setzen, wenn er bereits in die Schußlinie geraten ist. Weit über eine Million Betroffene, so schätzen Experten, sind derzeit den Attacken ihrer Kollegen, Vorgesetzten oder Mitarbeiter ausgesetzt. Statistisch betrachtet wird jeder vierte Arbeitnehmer im Laufe seines Berufslebens einmal zum Opfer gezielter Schikanen.

Alarmierende Zahlen, hinter denen sich individuelle, zum Teil äußerst leidvolle Einzelschicksale verbergen. Mobbing kann jeden treffen. Und wer gemobbt wird, braucht Unterstützung. Dieser Ratgeber wendet sich deshalb an alle, die mit diesem Problem bereits konfrontiert sind oder frühzeitig reagieren wollen – an Betroffene, an hilflose Zuschauer, an untätige Mitläufer, aber auch an jene Personen, die an wichtigen Schlüsselstellen in Unternehmen sitzen und nicht länger einfach nur wegsehen wollen. Wer besser informiert ist, kann sich besser wehren, früher einschreiten, erfolgversprechender reagieren.

Zu Beginn des Buches möchte ich deshalb die aktuellen Erkenntnisse zu diesem Thema und die Hintergründe aufführen, die zum Psychoterror am Arbeitsplatz führen, und deren dramatische Folgen für die Betroffenen darlegen.

Ein Test gibt jedem einzelnen die Möglichkeit zu prüfen: Wie sieht es in meiner Firma mit der Gefahr Mobbing aus? Bin ich selbst vielleicht schon das nächste Opfer? Welche Alarmzeichen gilt es wahrzunehmen?

Ein Schwerpunkt sind die häufigsten Methoden und Strategien, mit denen die Opfer drangsaliert werden. Manch einer wird sich hier – nicht zuletzt in den verständlicherweise größtenteils anonymen Fallbeispielen – wiedererkennen und auch Hinweise finden, wie man sich in der speziellen Situation am besten verhält.

Die sexuelle Belästigung am Arbeitsplatz darf meines Erachtens keinesfalls ausgeklammert werden. Schließlich gehört das erniedrigende Verhalten mancher Männer für viele Frauen zum Psychoterror der übelsten Sorte.

Ein Kapitel für sich: Chefs und Vorgesetzte, die bewußt oder unbewußt selbst mobben oder die Schikanen zwischen Kolleginnen und Kollegen erst richtig anheizen.

In jedem Fall, bei jeder Form von Mobbing ist allerdings ein Aspekt entscheidend: Welche Lösungen, welche Möglichkeiten der Hilfe gibt es? Wie kann ich mir selbst helfen? Welche Unterstützung und Rückendeckung bietet sich innerhalb oder außerhalb der Firma an? Wie trete ich am besten den geordneten Rückzug via Kündigung an, wenn tatsächlich keine andere Lösung mehr bleibt? Welche Möglichkeiten gibt es, das Übel zukünftig an der Wurzel zu packen? Jeder Schritt, der gegen den seelischen Terror am Arbeitsplatz unternommen wird, hilft einerseits den Betroffenen und trägt andererseits dazu bei, dem Schlagwort Mobbing allmählich seinen Schrecken zu nehmen.

1. KAPITEL

Was
ist Mobbing?

Der Unterschied zum üblichen Ärger

Eine Kundin beschwert sich. Die Haarfarbe ist ganz anders ausgefallen, als sie sich das vorgestellt hatte. Der Chef schnauzt die Mitarbeiterin an – heftig, lautstark und vor allen Kolleginnen. Ist das Mobbing? Als die neue Stelle als Abteilungsleiterin ausgeschrieben wird, legt sich die Kollegin voll ins Zeug: Machen die anderen zwei Überstunden, arbeitet sie vier Stunden länger. Hat ein Kollege eine Idee, unterbreitet sie dem Chef zwei Tage später einen noch besseren Vorschlag. Geht das Team in die Kantine, arbeitet sie durch. Ohne irgend jemanden einzuweihen, läßt sie sich einen Termin beim Chef geben – und kehrt mit einem triumphierenden Lächeln zurück. Kein Kommentar. Die anderen erfahren erst drei Tage später: Die ehrgeizige Dame hat ihr Ziel erreicht. Sie ist die neue Abteilungsleiterin. Ist das vielleicht Mobbing?

Weder – noch. Der Wutanfall des Chefs mag ungerecht und rücksichtslos sein – doch solange es bei einzelnen Ausrutschern und einmaligen Kränkungen bleibt, kann von Mobbing noch keine Rede sein. Ebensowenig zählen Kollegen, die Mitkonkurrenten um eine bessere Stelle mit fachlichen Mitteln und auf faire Weise übertrumpfen, zu Mobbern. Und auch wenn zwei Mitarbeiter einer Abteilung einfach nicht miteinander warm werden und nur das Nötigste miteinander reden, muß es deshalb noch längst kein Opfer geben. Einzelne Konflikte, Reibereien und Spannungen sind im Arbeitsleben unvermeidlich und haben mit gezieltem Psychoterror noch nichts zu tun.

Von Mobbing (von to *mob* = anpöbeln, herfallen über) spricht die Arbeitsmedizin erst, wenn die Angriffe auf eine Person systematisch und über einen langen Zeitraum hinweg erfolgen. Psychoterror herrscht dort, wo Schikanen und Intrigen zur Routine werden. Der schwedische Arbeitswissenschaftler und Mobbing-Pionier Professor Heinz Leymann schlug aufgrund intensiver Untersuchungen folgende Definition vor: Mobbing ist dann gegeben, wenn ein Betroffener mindestens einmal in der Woche mindestens ein halbes Jahr lang attackiert wird – von einer oder mehreren Personen. Am häufigsten tritt Mobbing offensichtlich unter Gleichgestellten auf. Im Rahmen schwedischer Untersuchungen

gaben 44 Prozent der Befragten an, von Kollegen gemobbt worden zu sein, 37 Prozent wurden von Vorgesetzten drangsaliert und 9 Prozent von Untergebenen. Jedes zehnte Mobbing-Opfer hatte gar gegen eine regelrechte Koalition aus Kollegen und Vorgesetzten zu kämpfen.

Dabei müssen die einzelnen Vorfälle keinesfalls besonders augenfällig oder gravierend sein. Jede Schikane für sich, die von einem einzelnen oder einer Gruppe ausgeht, könnte vielmehr oft als Lappalie abgetan werden. Gerade das macht es den Betroffenen auch oft so schwer, frühzeitig zu reagieren. Zum einen ist anfangs nur schwer zu unterscheiden, ob es sich bei einzelnen Vorkommnissen um Zufälle handelt oder ob bereits eine gezielte Verschwörung in Gang ist. Darüber hinaus klingen die einzelnen Aktionen für Außenstehende manchmal nahezu lächerlich oder höchst unglaubwürdig. „Würden Sie zu Ihrem Chef laufen", so fragt ein ehemaliges Opfer, „und ihm mitteilen: Die Kollegen sperren mich manchmal im Büro ein, sie schalten das Licht aus, wenn ich auf der Toilette bin, grüßen mich seit zwei Monaten nicht mehr und verstecken meine Grünpflanze? Mein Chef zumindest hätte mir bestenfalls erwidert, daß ich ihn mit diesem Kinderkram gefälligst in Ruhe lassen soll." Doch dieser „Kinderkram" kann natürlich eine ähnlich fatale Wirkung haben wie direkte, aktenkundige Angriffe: Meist dauert es längst nicht ein halbes Jahr, bis das Mobbing-Opfer psychisch und physisch angeschlagen ist.

Die dramatischen Gefahren und Folgen

Auch am Wochenende verschwindet das unangenehme Ziehen im Magen nicht mehr. Die Schwindelgefühle, gegen die sie im Büro häufig ankämpft, werden immer stärker. Bereits am Samstagmorgen beim Frühstücken fühlt sie wieder die innere Unruhe, dieses tiefe Unbehagen. Nur nicht an Montag denken, versucht sie die düsteren Gedanken zu verscheuchen. Denn dann geht der Irrsinn, den sie nicht begreift, wieder los. Die abschätzigen Blicke der Kollegen, die spitzen Bemerkungen. Am schlimmsten ist allerdings das sofortige Schweigen, wenn sie einen Raum betritt. In diesen Momenten möchte sie ihre Angst herausschreien: „Warum macht ihr das mit mir?" Dabei kostet es sie schon genug Mühe, die Tränen zurückzuhalten und ihren zitternden Körper unter Kontrolle zu halten. Jeder Tag eine Tortur. Am Abend ist an Erholung nicht zu denken. Ihre Gedanken kreisen immer nur um das eine Thema. Sie grübelt, versucht Gründe für das Verhalten der anderen zu finden, sucht die Schuld bei sich, betäubt die Kopf- und Magenschmerzen mit Medikamenten. Einschlafen kann sie nur noch mit Schlaftabletten, und dennoch wacht sie nachts nach Alpträumen schweißgebadet und mit rasendem Herzklopfen auf. Dann starrt sie an die Zimmerdecke, fühlt sich minderwertig, einsam, ausgegrenzt und fragt sich immer häufiger: Wie lange kann ich das noch durchstehen?

Mobbing macht krank. Psychisch und physisch. In ihrem Buch „Psychischer Streß am Arbeitsplatz" (Köln, 1986) stellen die Arbeitspsychologen Heiner Dunckel und Dieter Zapf fest: „Personen mit sozialem Streß sind ... gesundheitlich gefährdeter. Etwa doppelt so viele Personen mit hohem sozialem Streß hatten ... auch hohe psychosomatische Beschwerden verglichen mit denjenigen mit niedrigem sozialem Streß. ... In vielen Untersuchungen hat sich gezeigt, daß soziale Unterstützung am Arbeitsplatz insbesondere durch die Arbeitskollegen (aber auch durch den Vorgesetzten) Streßreaktionen vermindert und damit etwa das Ausmaß an Depressivität, Unzufriedenheit, aber auch körperlichen Symptomen wie Magen-

geschwüre verringert." Mobbing bedeutet Ausgrenzung und stellt den Betroffenen unter extremen sozialen Streß. Um so gravierender sind die Auswirkungen, die sich in zwei Hauptgruppen unterteilen lassen:

☐ *Psychische Folgen:* Depressionen, Konzentrationsstörungen, Selbstzweifel, Angstzustände bis hin zu psychiatrischen Syndromen und Selbstmordgedanken.

☐ *Psychosomatische Folgen:* zum Beispiel Herz- und Kreislaufstörungen, Atembeklemmung, Kopf-, Nacken-, Rückenschmerzen, Hautkrankheiten, Schlafstörungen, Erkrankungen des Magen- und Darmtraktes.

Der Psychoterror am Arbeitsplatz führt häufig zur völligen seelischen und körperlichen Erschöpfung. In manchen Fällen sehen die Opfer tatsächlich nur noch einen Ausweg: Sie nehmen sich das Leben. 10 bis 20 Prozent aller Selbstmorde – so schwedische Untersuchungen – sind auf Mobbing zurückzuführen. Schätzungen, die durchaus auch hierzulande realistisch sind, wie der Hamburger Internist und Betriebsarzt Dr. Jürgen Ebeling versichert, der sich als einer der ersten in Deutschland des Themas Mobbing annahm.

Wann sich die ersten Symptome einstellen, ist natürlich von der Art des Psychoterrors und einer Reihe persönlicher Faktoren abhängig: Die körperliche und seelische Grundverfassung, das eigene Selbstvertrauen, das allgemeine Ansehen bei anderen, die sozialen Kontakte spielen eine bedeutende Rolle. Zu den entscheidenden Ressourcen zählen auch die Fähigkeit, Probleme lösen zu können, und nicht zuletzt gute finanzielle Verhältnisse. Wer Angst haben muß, nach einer Kündigung ins gesellschaftliche Abseits zu rutschen, empfindet Mobbing natürlich zu Recht als Existenzbedrohung. Aber auch für Betroffene, die ursprünglich über gute soziale und psychische Kraftquellen verfügen, wird Mobbing oft zur Zerreißprobe. Viele Opfer weisen auf die katastrophalen Folgen hin, die der Psychoterror auch für das Privatleben haben kann. Zahlreiche Familien, feste Freundschaften oder auch langjährige Partnerschaften halten dem Belastungsdruck auf Dauer nicht stand.

Gudrun F., 33, war seit vier Jahren verheiratet, glücklich, wie sie versichert, bis sie drei Jahre nach der Geburt ihres Sohnes wieder zu arbeiten anfing – in ihrer

alten Firma, aber unter einer neuen Vorgesetzten. Die junge, ehrgeizige Aufstei-**14**
gerin konnte vom ersten Tag an kein gutes Haar an der berufstätigen Mutter **15**
lassen, deckte sie mit überflüssigen, aber anstrengenden Arbeiten ein und ließ
dabei Seitenhiebe nach dem Motto „Nicht so einfach wie Windeln waschen ..."
los. „Am Anfang war mir mein Mann eine große Stütze, er hörte sich meine
Probleme an, sprach mir Mut zu." Aber nach ungefähr drei Monaten verlor er
allmählich die Geduld. Ob sie nicht mal über etwas anderes reden könnte?
Schließlich habe er auch seine Probleme und würde ihr nicht dauernd vorjam-
mern. Irgendwann fiel dann im Streit der Satz, der Gudrun F. zutiefst verletzte:
„Na, ganz unschuldig wirst du ja auch nicht sein, wenn dich deine Chefin auf
dem Kieker hat. Zum Streiten gehören bekanntlich zwei." Damit war die nächste
Stufe der Eskalation erreicht: Der Konflikt in der Firma hatte sich zur Ehekrise
ausgeweitet.

Leider kein Ausnahmefall: Trennungen, Scheidungen, ein tiefes Mißtrau-
en gegenüber Menschen wie auch der Verlust des Selbstwertgefühls
gehören zu den härtesten Begleiterscheinungen, die der Krieg am Ar-
beitsplatz in das Privatleben trägt.
Psychoterror ist zerstörerisch. Manche Experten finden den Ausdruck
„Mobbing" deshalb auch nicht gut gewählt: „Es klingt wie eine Sportart,
verniedlicht einen Prozeß, der Menschen zugrunde richtet", meint die
Tübinger Managementberaterin Ilse Jahre. „Was derzeit in den Betrieben
passiert, ist schlichtweg psychische Gewalt – eine Vergewaltigung der
Seele."
Die meisten Betriebe ignorieren das Phänomen Mobbing immer noch.
Ein schwerwiegendes Versäumnis. Auch wenn die Führungsspitzen
nicht aus menschlichen Gründen gegen das Problem angehen wollen,
sollten sie es wenigstens den Betriebsbilanzen zuliebe tun. Denn der
Psychokrieg ist teuer. Mobbing-Opfer müssen sich über Wochen,
manchmal auch über Monate krankschreiben lassen. Auf 30 Milliarden
Mark jährlich werden allein die Kosten geschätzt, die durch Fehlzeiten
entstehen. Aber über diese direkten Ausfälle hinaus ergeben sich noch
weitere Verluste: Die schikanierten Kollegen bringen auf Dauer oft nur
noch die Hälfte oder gar ein Viertel ihrer üblichen Leistung – und auch
die Mobber verbrauchen einen Teil ihrer Energie mit dem Ausklügeln
neuer Boshaftigkeiten.

Ebenso gravierend sind die indirekten Folgen für den Betrieb. Ein schlechtes Arbeitsklima dämpft die Motivation und führt vielfach zur „inneren Kündigung": Statt sich wirklich für den Betrieb einzusetzen, mit Lust und Power zu arbeiten, Kreativität und Wissen einzubringen, machen viele nur noch Dienst nach Vorschrift. Die Arbeit wird zum notwendigen Übel, dem man soweit irgend möglich aus dem Weg geht. Hieraus resultiert auch eine weitere Negativerscheinung: Während die durchschnittlichen und unterdurchschnittlichen Kollegen in der Regel der Firma erhalten bleiben, wandern die guten und kreativen Mitarbeiter ab. Sie können es sich leisten, die Konsequenz aus dem miesen Betriebsklima zu ziehen, da sie auf dem Arbeitsmarkt die besten Chancen haben. Nicht zuletzt zahlt auch die Gesellschaft beim Mobbing drauf. Ärztliche Behandlungskosten und Krankengeld müssen ebenso finanziert werden wie die Frührentenfälle, die durch den Psychoterror am Arbeitsplatz entstehen. „Hier zeichnet sich eine deutliche Steigerung ab: 13 Prozent aller vorzeitigen Ruhestandsfälle entstanden 1991 aufgrund von psychischen Erkrankungen, das sind rund 50 Prozent mehr als 1985", erklärt Dr. Jürgen Ebeling, der endlich deutlichere Maßnahmen gegen diese Art der „unblutigen Arbeitsunfälle" fordert. Mobbing ist eine Gefahr – für jeden einzelnen, für die Wirtschaft, für die Gesellschaft.

Typische Ursachen und Anlässe

Wie entsteht Mobbing? Auslöser, darüber sind sich die Experten einig, ist immer ein Konflikt. Meist ein ganz banaler. Die neue Kollegin hat ein anderes Ablagesystem als das Team. Einer raucht, der andere haßt den blauen Dunst. Frau A. lüftet oft und gern, Frau B. findet es dann immer zu kühl. Die Abteilung wird auf EDV umgestellt und keiner weiß so recht, was jetzt auf ihn zukommt. Probleme eben, wie sie im Arbeitsalltag täglich auftauchen. Natürlich führt längst nicht jeder Konflikt zu Mobbing. Aber ob die Mitarbeiter es schaffen, eine vernünftige, faire Lösung zu finden oder ob es zu immer stärkeren Reibereien und bösen Schikanen kommt – das ist nicht vom Zufall abhängig. Hierbei spielen einige bereits bekannte Faktoren eine wichtige Rolle.

Ein entscheidendes Stichwort ist das Arbeitsklima. Ob man sich an seinem Arbeitsplatz wohlfühlt oder nicht, hängt elementar von der Atmosphäre im Unternehmen ab. Die meisten Arbeitnehmer empfinden ein schlechtes Arbeitsklima als Streßfaktor Nummer eins und leiden mehr darunter als beispielsweise unter Zeit- oder Leistungsdruck. Und jeder sechste deutsche Erwerbstätige – so ergab 1992 eine infas-Studie, die im Auftrag der Betriebskrankenkassen durchgeführt wurde – fühlt sich krank, weil in seinem Betrieb dicke Luft herrscht. Doch woran liegt es, wenn die Stimmung gereizt und gefährlich ist?

☐ *Streß durch Überlastung oder schlechte Organisation.* Ständiger Zeitdruck und Überforderung begünstigen Mobbing. Klar: Jeder einzelne steht „unter Strom", darüber hinaus häufen sich in einer schlecht organisierten oder unterbesetzten Abteilung oftmals Fehler, der Druck von oben steigt – Kollegialität, Rücksichtnahme und Hilfsbereitschaft zwischen Kollegen bleiben dabei schnell auf der Strecke. Streß fördert Aggressionen, die wiederum ein Ventil suchen. Gleichzeitig fehlt oft die Zeit und damit auch die Möglichkeit, sich auf der menschlichen Ebene auszutauschen. Entspannte Gespräche in der Mittagspause oder auch mal zwischen Tür und Angel können Mißverständnisse schnell bereinigen und Konflikte verhindern. Doch wenn der Streß allein den Takt angibt, bleibt der gesunde Austausch aus.

☐ *Monotonie und Langeweile.* Wer zuviel Zeit hat, kommt leichter auf dumme Gedanken? Ganz abwegig ist diese zugespitzte Formulierung tatsächlich nicht. Ein eintöniger Arbeitsablauf fördert die Lust auf Abwechslung – schlimmstenfalls besteht der Nervenkitzel darin, anderen das Leben schwer zu machen. Abgesehen davon stellt Unterforderung immer einen nicht zu unterschätzenden Streßfaktor dar, der Aggressionen wecken kann.

☐ *Schlechter Führungsstil.* Ein gravierender Mobbing-Faktor. Viele Experten betrachten den Psychoterror in erster Linie als Führungsproblem. Nicht nur, weil Bosse selbst häufig ihre Untergebenen drangsalieren. Oft sind sie auch indirekte Drahtzieher. Ein schwacher Vorgesetzter, der mit seiner Aufgabe überfordert ist und damit die ganze Abteilung verunsichert, schafft ebenso – nur auf andere Weise – ein Mobbingklima wie der überautoritäre Boss, der keinerlei Freiraum für offene Kritik und Diskussionen zuläßt. Darüber hinaus bestimmt die Führungsspitze maßgeblich das moralische Niveau einer Firma.

☐ *Konkurrenzdruck und Angst vor Arbeitslosigkeit.* In einem Unternehmen, wo keiner um seinen Arbeitsplatz fürchten muß, wo Aufstieg nur über faire Methoden möglich ist, haben Mobber eigentlich keine Chance. Wenn aber Neid und Angst das Arbeitsklima bestimmen, wenn der Konkurrenzdruck als vermeintlicher Leistungsanreiz sogar noch von der Firmenspitze gefördert wird, stehen die Weichen auf Psychoterror. Um nicht den Aufstieg zu verpassen oder gar von der nächsten Kündigungswelle mitgerissen zu werden, bedient sich dann mancher unsauberer Methoden. Verschärft wird die Situation derzeit auch von der schlechten Wirtschaftslage und den dramatischen Arbeitslosenzahlen.

Häufig hängen die einzelnen Faktoren, die die Atmosphäre im Betrieb verpesten, miteinander zusammen. Je schlechter die äußeren Strukturen, um so gefährlicher wird es für jeden einzelnen. Denn Frust, Ärger oder Angst, so die These vieler Verhaltenswissenschaftler, wandeln sich oft in Aggressionen um. Ist der direkte Verursacher nicht zu greifen, richten sich die angestauten, negativen Emotionen einer Gruppe gegen einen sogenannten „Sündenbock" – das kann eine andere Gruppe sein oder auch ein einzelner. Die Angreifer fühlen sich im Schutz der Masse geborgen und haben dabei häufig nicht einmal ein schlechtes Gewissen. Daß

ein einzelner als Buhmann herausgepickt wird, geschieht zum Beispiel **18**
auch dann, wenn eine Abteilung verunsichert und das soziale Klima von **19**
Mißtrauen geprägt ist: Ein gemeinsamer Sündenbock dient in einer solchen Situation gewissermaßen als Katalysator und erzeugt ein künstli-
ches Zusammengehörigkeitsgefühl. Ein grausames Spiel, das vor allem
dann betrieben wird, wenn es die äußeren Bedingungen zulassen und
sogar fördern.

Ob und wie stark sich Mobbing in einem Betrieb ausweitet, ist also ganz
gravierend von betrieblichen Strukturen abhängig. Dabei sollte ein wichtiger Aspekt nicht vergessen werden. Der Psychoterror ist auch ein
tiefgreifendes Gesellschaftsproblem: In sämtlichen Lebensbereichen verzeichnen Experten *wachsende Aggressivität*. Die Menschen verlieren –
erschreckend offensichtlich – immer mehr die Fähigkeit, Konflikte fair
auszutragen und eine für alle Beteiligten tragbare Lösung zu finden. In
den Schulen, sogar schon in den Kindergärten, nehmen Aggressionen zu.
Die Bereitschaft zur Gewalt in allen Altersgruppen wächst, das Un-
rechtsbewußtsein sinkt, erschreckende Beispiele von Gefühlskälte machen Schlagzeilen. Ob Kindergarten, Schule oder später im Betrieb – auf
der Suche nach Opfern wird eine zur Aggression neigende Gemeinschaft
immer fündig.

Willkommene Sündenböcke

Typische Mobbing-Opfer?

Komplizierte Fälle, trockene Akten – für **Katharina S., 32,** kein Problem. Sie arbeitete gern in der Rechtsabteilung einer großen Versicherung, galt als kompetent und gewissenhaft, kam mit ihren Kollegen bestens aus. Als sie mit ihrem Freund von Hamburg nach München zog, hatte sie dank eines tollen Zeugnisses auch keine Schwierigkeiten, eine passende Stelle zu finden. Ihr neues Büro teilte sie mit Frau L., die bereits seit 20 Jahren in der Firma arbeitete. „Na, da hab ich ja Glück", versuchte Katharina gleich am ersten Arbeitstag das Eis zu brechen, „mit Ihrer Erfahrung können Sie mir sicher helfen, wenn ich anfangs noch nicht ganz zurechtkomme." War dieser erste Satz schon falsch, stimmte der Tonfall nicht? Katharina fragt sich das bis heute. Denn die Kollegin fuhr sie nur barsch an: „Anfänger können wir hier nicht brauchen – wir haben wirklich genug um die Ohren." Katharina blieb vorerst optimistisch. Doch der erste negative Eindruck verstärkte sich. Fragte Katharina morgens, ob sie heute nicht zusammen in die Kantine gehen könnten, stand die Zimmerkollegin mittags wortlos auf und ging mit anderen aus der Abteilung essen. Auf jede Frage – egal ob nach dem Kopierer oder einer wichtigen Akte – antwortete Frau L. nur höchst mürrisch. „Und ganz schnell auf bayerisch, so daß ich wirklich nur die Hälfte verstanden habe." Nach vier Wochen ertrug Katharina den Zustand nicht mehr, zumal tatsächlich sehr viel zu tun war. Sie fragte die Kollegin, was sie ihr eigentlich getan hätte. Die Antwort: „Wie kommen Sie denn auf den Schmarrn? Ihr Norddeutschen meint wohl, ihr seid was Besonderes." Spätestens jetzt, so meint Katharina heute, hätte sie mit ihrem Vorgesetzten sprechen sollen. „Aber ich konnte das selbst alles gar nicht begreifen und suchte ständig bei mir nach der Schuld. Und abgesehen davon, daß sie extrem unfreundlich war und nicht gerade hilfsbereit, konnte ich ihr bis zu diesem Zeitpunkt noch nichts vorwerfen." Doch es blieb nicht dabei: Über Nacht verschwanden Akten aus Katharinas Schreibtisch, auf ihrer Telefonliste tauchten Ferngespräche auf, die sie nie geführt hatte, und eine Kollegin aus einem anderen Büro fragte, warum sie nicht in Hamburg geblieben sei, wenn es ihr hier nicht gefalle. „Ich weiß nicht, was Frau L. den anderen über mich gesagt hat, und schon gar nicht, warum. Aber ich weiß, daß ich manchmal abends heulend vor dem Spiegel stand, um herauszufinden: Was ist an dir, daß andere dich so hassen können?"

Mobbing kann jeden treffen. Die Gerüchte, vor allem Faulpelze oder **20** Sonderlinge seien Intrigen ausgesetzt, sind unhaltbar. Das typische Op- **21** fer? „Gibt es nicht", erklärt der Arbeitspsychologe Dr. Martin Resch, einer der deutschen Mobbing-Pioniere, und formuliert als irritierendes Zwischenergebnis seiner bisherigen Forschung: „Es trifft ganz normale Menschen, Frauen ebenso wie Männer. Mobbing hat selten einen sachlich nachvollziehbaren Grund in der Person. Allerdings sind Menschen gefährdeter, wenn sie sich auf irgendeine Weise von den anderen Kollegen unterscheiden."

■ Wer ist besonders gefährdet?

□ *Die Einzige.* Untersuchungen haben ergeben, daß die einzige Frau in einem reinen Männerteam einen schweren Stand hat und leichter unter Beschuß genommen wird. Meist arbeiten diese Frauen in Bereichen, die lange als reine Männerdomäne betrachtet wurden und haben demzufolge auch häufig mit Vorurteilen und Anfeindungen zu kämpfen. Umgekehrt ist es ähnlich: Der einzige Pfleger zwischen lauter Schwestern, der Ausnahmeredakteur in einer reinen Frauenredaktion muß eher mit Schikanen rechnen als seine Kolleginnen.

□ *Die Auffällige.* Auch wenn es mit dem Bild einer aufgeklärten Gesellschaft nicht zu vereinbaren ist: Besonders gefährdet, zum Außenseiter abgestempelt zu werden, sind Menschen, die sich durch ein Merkmal vom Rest des Teams unterscheiden. Durch eine körperliche Behinderung zum Beispiel oder einen anderen Dialekt. Weil sie Ausländer sind oder alleinerziehend, während die anderen verheiratet sind. Die traurige Wahrheit: Wer zu einer Minderheit zählt, wird häufiger schikaniert, aus der Gemeinschaft ausgegrenzt.

□ *Die Erfolgreiche.* Auch wenn sie vorher bei allen Kollegen beliebt war: Nach der Beförderung schlägt ihr unter Umständen ein eisiger Wind entgegen. Vor allem Neider, die den Job selbst gern gehabt hätten, versuchen dann oft, der Aufsteigerin ins Handwerk zu pfuschen oder sie durch Unterstellungen bei den anderen schlecht zu machen. „Kreative Köpfe, die mit Einsatz und guten Ideen für frischen Wind sorgen, geraten leicht ins Kreuzfeuer", weiß auch die Tübinger Managementberaterin Ilse Jahre. „Die Angepaßten oder Gleichgültigen hingegen haben in der Regel nichts zu befürchten."

☐ *Die Neue.* Der Kollegin, die neu in die Abteilung kommt, mit Sympathie oder zumindest unvoreingenommen gegenüberzutreten und ihr den Start so leicht wie möglich zu machen, sollte selbstverständlich sein. Leider ist es das längst nicht immer. Neid und Vorbehalte werden vor allem dann geweckt, wenn die Neue irgend etwas vorzuweisen hat, womit sie sich vom Rest des Teams abhebt: Eine bessere Ausbildung zum Beispiel. Vielleicht ist sie auch einfach jünger als der Durchschnitt, oder es eilt ihr der Ruf voraus, der Chef hätte noch einiges mit ihr vor. Oder aber ihre Vorgängerin war besonders beliebt – für die Nachfolgerin unter Umständen ein schweres Erbe, da sie vom ersten Tag an an Maßstäben gemessen wird, denen sie niemals gerecht werden kann.

Typische Mobbing-Branchen?

Vom Amt bis zur Zeitschriftenredaktion, von der Anwaltskanzlei bis zum Zementwerk – der Psychokrieg findet an jedem Arbeitsplatz, in jeder Branche statt. Auffällig ist allerdings, daß Angestellte ihren Kollegen das Leben öfter zur Hölle machen als beispielsweise Arbeiter? Reinhold Konstanty, Leiter der Abteilung Umwelt- und Gesundheitsschutz des DGB vermutet dahinter eine unterschiedliche Form der Konfliktbewältigung: „Während Arbeiter ihren Frust häufig direkt und ohne ein Blatt vor den Mund zu nehmen herauslassen, greifen Angestellte meiner Erfahrung nach eher zu subtileren, raffinierteren Intrigen, die anfangs schwer zu durchschauen sind." Die mögliche Folge: Auf dem Bau entlädt sich die Spannung schneller, in den Büros besteht eher die Gefahr einer schleichenden, verdeckten Eskalation. Auch strenge bürokratische Hierarchien können Aggressionen, Frustrationen und damit Schikanen auslösen. Gleichzeitig ist im Angestelltenbereich das Konkurrenzdenken stärker ausgeprägt, wie der Hamburger DAG-Sprecher Uwe Martens erklärt: „Im gewerblichen Bereich beispielsweise sind die Claims genau abgesteckt, die Aufstiegschancen sehr begrenzt. Ein Angestellter hingegen kann schnell nach oben kommen, wenn alles gut läuft." Und damit alles gut läuft, wird eben häufig nachgeholfen.

Auch die Betriebsgröße kann eine Rolle spielen. Während stolze 83 Prozent aller Mitarbeiter in kleinen Firmen (bis zu zehn Beschäftigten) das Betriebsklima an ihrem Arbeitsplatz als gut oder sogar sehr gut einschätzten, waren in größeren Unternehmen – so eine infas-Studie von 1992 – nur rund zwei Drittel aller Befragten zufrieden mit der Arbeitsatmosphäre. Zum Kollegenstreß tragen auch Großraumbüros bei, wie die Universität München bereits 1990 feststellte. Die ideale Besetzung: zwei, höchstens drei Personen in einem Zimmer.

Besonders ungemütlich ist das Betriebsklima derzeit in den neuen Bundesländern. Im Osten empfinden mehr als 40 Prozent die Atmosphäre an ihrem Arbeitsplatz als eher schlecht oder nur erträglich. Von den Kollegen aus dem Westen teilte allerdings immer noch ein Drittel diese Einschätzung.

Typische Mobbing-Täter?

Wer andere schikaniert, muß ein krankhafter Sadist sein? Oder vielmehr selbst ein Opfer, das sich wehrt, so gut es eben kann? So wenig wie es das typische Opfer gibt, läßt sich auch ein Steckbrief des durchschnittlichen Täters entwerfen. Dazu kommt, daß sich die ohnehin wenigen Studien bislang – verständlicherweise – auf die Betroffenen und die allgemeinen Ursachen für Mobbing konzentriert haben. Denn schließlich sind die äußeren Umstände – darin sind sich die Experten einig – hauptverantwortlich für den Psychoterror am Arbeitsplatz. Darüber hinaus darf man annehmen, daß manchem Mobber die katastrophalen Auswirkungen seines Handelns nicht bewußt sind. Was allerdings nicht bedeutet, daß der einzelne Intrigant oder die boshaft lästernde Kollegin von aller Schuld freizusprechen sind. Vor allem, wenn der Psychoterror über einen längeren Zeitraum hinweg andauert, muß der einzelne schon ein gewisses Maß an Kaltschnäuzigkeit mitbringen, um systematisch weiter zu drangsalieren und auszugrenzen. „Über kurz oder lang", davon ist Arbeitspsychologe Martin Resch überzeugt, „ist es für jeden sichtbar, wenn das Opfer massiv leidet. Ob man dann noch weitermacht beziehungsweise weiter zusieht oder entschieden die Bremse zieht – das ist eine Frage des individuellen moralischen Niveaus."

Ganz allgemein von der Gruppe der Mobbing-Täter zu sprechen, ist dabei wenig sinnvoll. Es lassen sich Unterscheidungen treffen:

☐ *Die Drahtzieher.* Sie sind federführend beim Mobbing, denken sich neue Gemeinheiten aus, lassen das Opfer nicht zur Ruhe kommen – weil sie sich davon eigene Vorteile versprechen oder Frust ablassen wollen. Manche Drahtzieher agieren allein, andere suchen sich Verbündete im Team.

☐ *Die Zufallstäter.* Aus einem eigentlich belanglosen Konflikt entbrennt ein Dauerzwist zwischen zwei Kontrahenten. Ein Kampf auf gleicher Ebene, bis einer der beiden die Oberhand gewinnt. Spätestens zu diesem Zeitpunkt spielt das moralische Niveau des Zufallstäters eine entscheidende Rolle: Er hat die Wahl, ob er fortan sämtliche Boshaftigkeiten unterläßt oder den bereits geschwächten Gegner zermürbt.

□ *Die Mitmacher.* Sie treten in zwei Varianten auf: Entweder unterstüt- **24**
zen sie den oder die Drahtzieher aktiv, indem sie das auserkorene Opfer **25**
beispielsweise mit kleinen Seitenhieben weiter ins Abseits drängen. Oder
sie versuchen wegzusehen, sich aus dem Kleinkrieg herauszuhalten – und
leisten dem Psychoterror damit auf passive Weise Vorschub. Mitverantwortlich sind sie letztlich in jedem Fall. Denn Mobbing wird in aller Regel
nur durch Mitmacher möglich – der Täter macht weiter, weil es keiner
verhindert. Mobbing-Forscher Leymann bezeichnet diese Gruppe der
Zuschauer deshalb als „Möglichmacher". Um sich dem üblen Treiben
einzelner entgegenzustellen, sich vor den Betroffenen zu stellen, bedarf
es natürlich der Zivilcourage. Die Angst, selbst in die Abseitsfalle zu
geraten, ist dabei oft größer als der Mut, entsprechend dem eigenen
Gerechtigkeitsempfinden zu handeln.

Ob als Täter oder Mitmacher – Frauen mobben ebenso häufig wie ihre
männlichen Kollegen. Beim Schikanieren bleiben die Geschlechter allerdings häufig unter sich – was vermutlich hauptsächlich damit zusammenhängt, daß Frauen häufig mit Frauen zusammenarbeiten und Männer mit
Männern. Leicht nachzuvollziehen ist auch, daß über die Hierarchiestufe
Vorgesetzter/Untergebener offensichtlich häufiger die Männer terrori-
sieren: Weibliche Führungskräfte sind eben immer noch erheblich in der
Minderzahl. Auffällig hingegen: Frauen mobben mit anderen Methoden
als Männer.

■ Frauen mobben anders

„Während Frauen aktive Formen bevorzugen, greifen Männer eher zu
passiven Methoden", so lautet eine Erkenntnis des Arbeitspsychologen
Dr. Martin Resch.
Zu den typisch weiblichen Methoden zählen:
□ *Die Kollegin wird lächerlich gemacht; ihre Frisur und ihre Figur
können dabei ebenso im Mittelpunkt des Gespötts stehen wie Stimme oder
Gestik.*
□ *Die Gerüchteküche wird angeheizt – ohne daß die jeweiligen „Infor-
mationen" auf ihren Wahrheitsgehalt überprüft werden.*
□ *Hinter dem Rücken des Opfers wird gehetzt – eine offene Aussprache
wird ihm verweigert.*

☐ *Durch ständige Anspielungen, die niemals konkretisiert werden, wird die Kollegin verunsichert.*

☐ *Die Betroffene befindet sich im Dauerhagel der Kritik, jeder vermeintliche oder tatsächliche Fehler wird ausgewalzt.*

☐ *Keinen Satz kann die Kollegin in Ruhe zu Ende bringen, ständig wird sie unterbrochen.*

Typisch männliche Methoden:

☐ *Der Kollege wird ignoriert, wie Luft behandelt – bei Gesprächen wird er übergangen, wenn er etwas sagt, wendet man sich ab.*

☐ *Die Schwächen des Opfers werden ständig herausgekehrt, es wird systematisch abqualifiziert.*

☐ *Statt zu argumentieren wird gedroht, unter Umständen auch mit Gewalt.*

☐ *Der Kollege wird mit zynischen Bemerkungen über seine Lebensweise und seine persönlichen Standpunkte verunsichert.*

☐ *Das Opfer bekommt undankbare oder ständig neue Tätigkeiten zugeschoben, über deren Sinn man es bewußt im unklaren läßt.*

Welche Taktiken schmerzhafter für das Opfer sind, sei dahingestellt. Von den anderen konsequent geschnitten zu werden, kann unter Umständen ebenso verletzend sein wie ständig offenem Gespött ausgesetzt zu sein. In jedem Fall verfolgen die unterschiedlichen Strategien dasselbe Ziel: den Betroffenen zu verunsichern, sein Selbstwertgefühl anzugreifen, ihn Schritt für Schritt in die Isolation zu treiben.

2. KAPITEL

Wie gefährdet sind Sie selbst?

Ist der „Laden" o.k.?
Checken Sie die Stimmung am Arbeitsplatz! S. 28

Ihr „Frühwarnsystem"
Checken Sie Ihre persönliche Situation im Job! S. 32

Checken Sie die Stimmung am Arbeitsplatz!

„Wehret den Anfängen" – dieser vielzitierte Ausspruch trifft auf das Problem Mobbing ganz besonders zu. Denn ist der Psychoterror einmal voll im Gange, läßt er sich vom Betroffenen kaum mehr stoppen. Je länger der Prozeß andauert, je verhärteter die Fronten, um so unwahrscheinlicher wird eine gute Lösung des Konflikts. Nur wer Alarmsignale rechtzeitig wahrnimmt, kann frühzeitig und sinnvoll reagieren. Im Anfangsstadium lassen sich Konflikte und Mißverständnisse noch am ehesten bereinigen.

Bin ich selbst bereits gefährdet? Wie hoch das persönliche Mobbing-Risiko ist, hängt natürlich auch vom generellen Arbeitsklima in der einzelnen Firma ab. Der erste Teil des folgenden Tests hilft deshalb dabei, sich über die Stimmung im eigenen Betrieb ein besseres Urteil zu verschaffen. Die zweite Checkliste durchleuchtet die individuelle Situation: Gibt es bereits gefährliche Anzeichen, die Sie ernst nehmen sollten? Geraten Sie bereits in eine gefährliche Außenseiterrolle?

Kreuzen Sie all jene Punkte an, die auf Ihren Arbeitsplatz zutreffen:

☐ *Die Stimmung im Team, in der Abteilung ist unserem Vorgesetzten/dem Chef/der Führungsspitze vollkommen gleichgültig. Probleme zwischen Kollegen werden gar nicht angehört – Hauptsache, alles funktioniert.*

☐ *Im Betrieb herrscht starker Konkurrenzdruck – wer hinauf will, braucht Ellenbogen.*

☐ *In der Firma gibt es mindestens einen der folgenden Streßfaktoren: Zeitdruck, Unterbesetzung, Lärm, Hitze, Schmutz oder ähnliches.*

☐ *Private Kontakte zwischen Kollegen zählen eher zur Ausnahme.*

☐ *Wenn der Chef/der Vorgesetzte auf einen Mitarbeiter zukommt, geht* **28**
es meist um Überstunden oder Kritik. Lob, Anerkennung oder ein **29**
netter Satz zwischendurch kommen ihm kaum über die Lippen.

☐ *In unserem Betrieb gelten starre Hierarchien. Eigenverantwortliches*
Arbeiten ist nicht gefragt, wichtige Informationen erfahren Mitarbei-
ter spät oder gar nicht.

☐ *Konflikte, die in der täglichen Zusammenarbeit entstehen, werden oft*
unter den Teppich gekehrt, keiner fühlt sich zuständig, Schwierigkei-
ten anzupacken.

☐ *Die Fluktuation in der Firma/der Abteilung ist hoch – viele Mitarbei-*
ter sind frustriert und hoffen nur, möglichst schnell eine andere Stel-
lung zu finden.

☐ *In den letzten zwölf Monaten gab es eine Umwälzung (zum Beispiel*
neues Firmenkonzept, Umstellung auf EDV), auf die die Mitarbeiter
kaum oder nicht genügend vorbereitet wurden.

☐ *Das Team spaltet sich häufig in feste Koalitionen. Die Grüppchen*
untereinander tauschen sich kaum aus.

☐ *In den letzten zwölf Monaten ist es mindestens einmal vorgekommen,*
daß ein Mitarbeiter gekündigt hat oder „gegangen" wurde, weil er mit
dem Team/der Chefetage angeblich nicht zurechtkam.

☐ *Gerüchte und Tuscheleien gehören zur Tagesordnung. Offene Gesprä-*
che finden kaum statt.

☐ *In unserer Firma gibt es keinen beziehungsweise keinen engagierten*
Betriebs-/Personalrat, an den sich jeder vertrauensvoll wenden könnte.

☐ *Die Firma befindet sich wirtschaftlich derzeit in keiner günstigen*
Position. Stellenabbau wurde bereits durchgeführt, angekündigt oder
kann nicht mehr ausgeschlossen werden.

☐ Wenn jemand im Team einen Fehler macht, sorgen bestimmte Kollegen dafür, daß es auch der Chef erfährt.

☐ Intrigen und Neid sind in der Abteilung sehr verbreitet.

☐ Der Chef ist oft launisch, unberechenbar oder duldet keinen Widerspruch.

☐ In der Abteilung arbeiten fast nur Männer – einige davon scheinen von weiblichen Kolleginnen/Mitarbeiterinnen wenig zu halten, was sie beispielsweise mit geringschätzigen Blicken, Äußerungen oder zweideutigen Anspielungen deutlich machen.

☐ Der Vorgesetzte mag ein exzellenter Fachmann sein – von seinen Mitarbeitern kapselt er sich allerdings soweit als möglich ab. An deren Meinung und Kompetenz scheint ihm nicht gelegen zu sein.

☐ Die Anweisungen von oben sind oft unklar oder widersprüchlich. Keiner weiß so recht, was er tun beziehungsweise wie er sich verhalten soll.

■ Auswertung

☐ *0 bis 4 Punkte:* Mit dem Betriebsklima an Ihrem Arbeitsplatz dürfen Sie im großen und ganzen zufrieden sein. Die positive Stimmung scheint die meiste Zeit zu überwiegen. Kleine Spannungen oder Probleme sind im Arbeitsleben unvermeidlich und kein Grund zur Sorge, solange man sie nicht ignoriert, sondern aufmerksam verfolgt, wie sich die Dinge entwickeln. Die wenigen Schattenseiten, die Sie im Test aufgespürt haben, lassen sich möglicherweise leicht aus der Welt schaffen. Das Betriebsklima in Ihrer Firma ist offensichtlich gut genug, um die Knackpunkte im Team oder mit dem Vorgesetzten zu besprechen und gemeinsam nach einer Lösung zu suchen.

☐ *5 bis 9 Punkte:* In Ihrer Firma zu arbeiten ist offensichtlich kein reines Vergnügen. Zu viele Reibungs- und Konfliktpunkte tauchen auf, die unter Umständen auch in Psychoterror ausarten können. Regen Sie – wenn möglich – Verbesserungen an, versuchen Sie, Verbündete im Be-

trieb zu finden, denen ebenso an einer Entschärfung des Konfliktpoten- **30**
tials gelegen ist. Seien Sie in jedem Fall wachsam. **31**
☐ *10 und mehr Punkte:* Alarmstufe rot! Die Stimmung an Ihrem Arbeitsplatz ist offensichtlich äußerst gespannt. Daß es in diesem Betriebsklima zu Aggressionen und verdeckten Konflikten kommt, ist unvermeidlich – der ideale Nährboden für Mobbing. Im Alleingang können Sie vermutlich nichts ändern. Überlegen Sie in Ruhe, wo es innerhalb der Firma noch Ansprechpartner gibt, denen sie wirklich vertrauen können. Nur ihnen sollten Sie Ihre Befürchtungen mitteilen und gemeinsam überlegen, welche Wege noch offenstehen. Ob Sie selbst bereits in die Schußlinie geraten sind, können Sie im zweiten Teil dieses Testes überprüfen.

Checken Sie Ihre persönliche Situation im Job!

Kreuzen Sie sämtliche Situationen an, die Sie in den letzten sechs Monaten mindestens einmal erlebt haben.

☐ *Ein Gespräch wird abrupt beendet, als ich ins Zimmer komme.*

☐ *Ein Gerücht wird über mich verbreitet.*

☐ *Mir wird eine Aufgabe zugewiesen, die unter meiner Qualifikation liegt.*

☐ *Über mein Auftreten/Kleidung/Sprache oder ähnliches wird gelästert.*

☐ *Meine Anwesenheit wird deutlich über den normalen Rahmen hinaus kontrolliert.*

☐ *Mir wird ein Fehler unterstellt, den ich nicht begangen habe.*

☐ *Über mein Privatleben wird gelästert.*

☐ *Ich werde mit sexuellen Anspielungen oder Handlungen belästigt.*

☐ *Mir wird eine sinnlose Tätigkeit zugeteilt.*

☐ *Man läßt mich nicht ausreden.*

☐ *Man schließt mich aus den eher privaten Teilen des Arbeitslebens aus (Mittagspause, Kaffeekasse, Geburtstagsumtrunk einer Kollegin).*

☐ *Meine Arbeit wird ohne gegebenen Anlaß schlecht gemacht/übermäßig kritisiert.*

☐ *Ich bekomme Arbeit zugeteilt, die besonders gefährlich oder unange-* **32**
nehm ist. **33**

☐ *Man bedroht mich schriftlich oder mündlich.*

☐ *Ich werde an eine andere (schlechtere) Position versetzt.*

☐ *Mir wird ein Arbeitsplatz zugeteilt, an dem ich kaum mehr Kontakt zu Kollegen habe.*

☐ *Ich bekomme gar nichts zu tun, muß aber jede Minute anwesend sein.*

☐ *Man macht sich über meine Krankheit/Behinderung lustig.*

☐ *Man behandelt mich wie Luft.*

☐ *Man verunsichert mich mit abfälligen Blicken oder Gesten.*

☐ *Man brüllt mich an, beschimpft mich übel.*

☐ *Meine politischen oder religiösen Überzeugungen werden kritisiert.*

☐ *Ich werde hinter meinem Rücken verleumdet.*

☐ *An meinem Arbeitsplatz wird etwas entwendet oder vorsätzlich be-schädigt.*

☐ *Über meine psychische Verfassung wird offen spekuliert.*

☐ *Wichtige Informationen/Änderungen werden mir vorenthalten.*

☐ *Mein Wunsch nach einer Aussprache wird abgewiegelt.*

☐ *In meiner Gegenwart werden obszöne Bemerkungen fallengelassen, es werden Zoten oder Witze gerissen, in denen Frauen diskriminiert werden.*

☐ *Man isoliert mich, meidet den Kontakt mit mir..*

☐ *Mir wird verboten, mich zu äußern.*

☐ *Mir wird körperliche Gewalt angedroht oder sogar angetan.*

☐ *Man übt Telefonterror gegen mich aus.*

Die Liste ließe sich noch erheblich erweitern. Notieren Sie sich deshalb gegebenenfalls auch Situationen, die Sie selbst erfahren mußten und die nicht auf der Checkliste auftauchen. Selbstverständlich sollten Sie nur jene Vorfälle ankreuzen oder zusätzlich auflisten, die tatsächlich dazu dienten, Sie zu verunsichern, zu beleidigen oder zu isolieren. Wenn das Team gerade eine Geburtstagsüberraschung für Sie ausheckt und deshalb nicht weiterspricht, wenn Sie ins Zimmer kommen, ist das natürlich keine aggressive Handlung. Und wenn der Chef Sie für eine besonders schwierige Arbeit einteilt, kann das durchaus ein Kompliment sein – vielleicht traut er Ihnen einfach mehr zu als den Kollegen. Die einzelnen Situationen möglichst objektiv zu beurteilen, ist deshalb ratsam.

Um einschätzen zu können, ob man gefährdet ist, genügt es nicht, alle angekreuzten Punkte zusammenzuzählen. Wer beispielsweise nur drei Aussagen fand, die auf die persönliche Situation zutreffen, kann unter Umständen gefährdeter sein als jemand, der sechs Kreuze gemacht hat. Entscheidend ist nämlich auch, wie oft Sie die Vorfälle erlebt haben. Schließlich spricht man nur von Mobbing, wenn einzelne Schikanen immer wieder auftauchen oder sich unterschiedliche Arten der Belästigung systematisch häufen.

Eine definitive Auswertung des Tests nach dem Motto „Wer insgesamt zehn negative Vorfälle in sechs Monaten verzeichnen mußte, ist leicht gefährdet, mit fünfzehn Punkten muß man sich bereits als Opfer betrachten" ist unter seriösen Kriterien nicht zu verantworten. Die Checkliste kann nur wichtige Anhaltspunkte geben.

Alarmsignale, die dafür sprechen, gefährdet oder bereits betroffen zu sein, bestehen beispielsweise

– *wenn Sie in letzter Zeit verstärkt mit kränkenden, verunsichernden Handlungen konfrontiert wurden,*

– *wenn einzelne Handlungen mit der Zeit schärfer betrieben werden* **34**
(Beispiel: Die Kollegin unterbricht sie anfangs nur, wenn sie mit Ihnen **35**
allein ist, inzwischen macht sie es auch vor anderen),

– *wenn die Schikanen bereits Ihr persönliches Wohlbefinden beeinträchtigen* (Beispiele: Sie können nach der Arbeit nicht mehr abschalten, Ihr
Selbstwertgefühl ist bereits angekratzt, Sie leiden schon unter psychischen oder physischen Mobbingsymptomen),

– *wenn ursprünglich konkrete Kritikpunkte allmählich generalisiert
werden* (Beispiel: Anfangs wurde eine bestimmte Arbeitsmethode
kritisiert, inzwischen heißt es, Sie wären ihrer gesamten Aufgabe nicht
gewachsen),

– *wenn zu ursprünglich einer oder wenigen Schikanen immer neue
dazukommen* (Beispiel: Anfangs wurde „nur" über ihre Frisur gelästert, inzwischen wird Ihr gesamtes Privatleben durch den Schmutz
gezogen),

– *wenn Sie ohnehin Merkmale aufweisen, die Sie vom Rest des Teams
unterscheiden* (siehe dazu auch weiter hinten das Kapitel „Typische
Mobbing-Opfer?"),

– *wenn Sticheleien nicht mehr nur von der „Nörglerin vom Dienst"
kommen, sondern auch von anderen Kollegen.*

Wer Sie attackiert, ist ohnehin eine wichtige Frage. Die Aussagen der
Checkliste sind bewußt in der neutralen „man"-Form abgefaßt – denn
viele Handlungen können von einem einzigen Kollegen oder mehreren,
vom ganzen Team oder auch von einem Vorgesetzten ausgeübt werden.
Machen Sie sich deshalb anhand der Liste ein genaues Bild davon, wer
Sie offensichtlich unter Beschuß hat. Denn dem Chef Paroli zu bieten ist
natürlich in der Regel ungleich schwerer, als sich gegen einen einzigen
Kollegen zur Wehr zu setzen, der vielleicht ohnehin nicht sehr beliebt ist.
Die persönliche Situation richtig einschätzen zu können ist von großer
Bedeutung. Denn wer Alarmsignale übersieht oder ignoriert, hat kaum
eine Chance, den verhängnisvollen Prozeß zu bremsen.

3. KAPITEL

Mobbing-
Strategien

Die Phasen des Mobbing-Prozesses

Der „ganz normale" Wahnsinn hat Methode. Egal ob es die Managerin in der Chefetage trifft, die Sprechstundenhilfe oder den Lehrer – der Psychoterror an den verschiedenen Arbeitsplätzen verläuft immer nach einem erstaunlich übereinstimmenden Muster.

Aufgrund zahlreicher Interviews stellt der Sozialforscher Heinz Leymann in seinem Buch „Mobbing" (Reinbek, 1993) fest: „Die Fälle haben immer den gleichen Verlauf." Der typische Mobbing-Prozeß läßt sich in vier Phasen unterteilen:

1. **Konflikte/einzelne Vorfälle.** Wie bereits erwähnt, steht am Beginn in der Regel ein Konflikt (siehe dazu „Typische Ursachen und Anlässe") – im Berufs- wie im Privatleben unvermeidbar und zum Teil auch nötig. Die meisten dieser Konflikte werden gelöst und können dadurch zu positiven Veränderungen sowie wichtigen Innovationen führen. Wird ein Streit, ein harmloser Vorfall aber lange nicht oder schlecht bereinigt, vergiftet er die Atmosphäre. Startschuß für die zweite Phase.

2. **Der Psychoterror setzt ein.** Einer wird zur Zielscheibe. Die Wurfpfeile, die von einem oder mehreren Tätern häufig und regelmäßig kommen, können dabei von ganz unterschiedlicher Wirkung sein. Doch erstmal treffen sie. Im Laufe dieser Phase verschlechtert sich die seelische und körperliche Verfassung des Opfers zusehends. Das Selbstvertrauen sinkt drastisch, Krankheitssymptome machen sich bemerkbar. Der Betroffene gerät immer weiter in die Defensive.

3. **Der Fall wird offiziell.** Mobbing läßt sich auf Dauer nicht verbergen. Früher oder später werden Personalverwaltung, Betriebsleitung oder Betriebsrat auf den „Fall" aufmerksam. Es muß eingegriffen werden. Nur allzu häufig zieht das Opfer allerdings wieder den kürzeren. Lange Fehlzeiten, ständige Querelen – die Schuld scheint schnell gefunden. Zumal der Leidtragende sich für einen Außenstehenden inzwischen tatsächlich „ungewöhnlich" verhält und längst nicht mehr seine gewohnte Leistung erbringt. Der Sündenbock wird nochmal zum Sündenbock, muß in dieser Phase unter Umständen weitere Kränkungen oder sogar Rechtsbrüche durch den Arbeitgeber hinnehmen, wenn er beispielsweise

nicht angehört wird oder hinter seinem Rücken Absprachen getroffen werden (dazu auch: „Die Mobbing-Strategien der Chefs"). Diese dritte Phase kann sich übrigens auch nahtlos an die erste anschließen, wenn beispielsweise ein Vorgesetzter einen unliebsamen Mitarbeiter nach einem Konflikt kaltstellen will.

4. Der Ausschluß. Man will den lästig gewordenen Mitarbeiter loswerden. Und wenn der Betroffene nicht freiwillig geht, finden sich eine Reihe von Möglichkeiten, ihn restlos zu zermürben. Das geschieht beispielsweise durch ständige Versetzungen oder auch durch das Abschieben an einen völlig isolierten Arbeitsplatz ohne (sinnvollen) Tätigkeitsbereich.

Wer den gesamten Mobbing-Prozeß bis zum bitteren Ende durchlaufen hat, steckt – von der psychisch-physischen Verfassung einmal abgesehen – beruflich meist in einer Sackgasse. Die Aussichten, mit dieser Hypothek eine neue Stelle zu finden, sind nahezu hoffnungslos. Eine gute Chance, heil aus diesem Dilemma herauszukommen, besteht eigentlich nur bis zum Beginn der zweiten Phase, wenn die Mobber erstmals aktiv werden. Um den Teufelskreis durchbrechen zu können, muß man die unterschiedlichen Methoden kennen. Insgesamt 45 verschiedene Einzelstrategien des Psychoterrors wurden in skandinavischen Untersuchungen beobachtet – Mobbing macht die Täter erfinderisch.

Gerüchte werden ausgestreut

Karin B., 27, Journalistin Eigentlich hatte sich niemand gewundert, daß Karin B. nach ihrem Volontariat bei einer großen Tageszeitung sofort eine feste Anstellung in der Lokalredaktion bekommen hatte. Sie arbeitete schnell, recherchierte gründlich und hatte einen guten Riecher für Themen. Die Kollegen waren ebenso wie der Ressortleiter Franz K. froh, eine fleißige Unterstützung zu bekommen, zumal Karin, ohne mit der Wimper zu zucken, Sonntagsdienste und Überstunden über das normale Maß hinaus übernahm. Nur Monika S. war die Neubesetzung ein Dorn im Auge. Ihr Ärger ist nachvollziehbar: Schließlich arbeitete sie seit drei Jahren für die Zeitung und war immer wieder vertröstet worden, wenn sie sich an einer Festanstellung interessiert gezeigt hatte. Den tatsächlichen Grund – daß sie in den Augen der Chefredaktion nämlich nicht fähig genug war, um eine volle Planstelle zu besetzen – hatte man nie angesprochen. Die Kollegen mochten sie gerne und wollten ihr die unangenehme Wahrheit ersparen. Folglich richtete sich Monikas Zorn nicht auf die Verantwortlichen, sondern auf eben jene Kollegin, die ihr vorgezogen wurde.

Karin B. wußte von dieser Vorgeschichte nichts und hatte auch keinerlei Grund, sich in acht zu nehmen. Denn Monika S. war ausgesprochen freundlich und suchte auch privaten Kontakt zu ihr. Die beiden Frauen gingen abends manchmal zusammen aus. Bei einem dieser Treffen erwähnte Karin auch kurz, daß sie seit kurzem solo sei – mit ihrem langjährigen Freund hätte sie sich auseinandergelebt. Der Streß und die viele Arbeit kämen ihr deshalb momentan gerade recht. Zu Hause würde ihr ohnehin nur die Decke auf den Kopf fallen. Außerdem fände sie die Kollegen ebenso wie den Ressortleiter Franz K. ausgesprochen nett.

Monika S. zeigte sich Karin gegenüber weiterhin von ihrer freundschaftlichen Seite, hinter deren Rücken allerdings begann sie der vermeintlichen Rivalin ein Verhältnis mit dem Ressortleiter anzudichten, der – wie allgemein bekannt – gerade in Scheidung lebte. Sie stellte sich dabei geschickt an. Bei einem Kollegen, der News dieser Art schlecht für sich behalten konnte, fing sie ihr Doppelspiel an. Was er denn von diesem bösartigen Gerücht über Karin B. und den Ressortleiter hielte? Ach, er hätte davon noch gar nichts gehört? Nein, um Himmels willen, sie wolle dazu gar nichts sagen, noch dazu über eine so nette Kollegin ... obwohl es natürlich schon merkwürdig wäre, daß Karin gerade jetzt

mit ihrem Freund Schluß gemacht hätte und am liebsten jede freie Sekunde in der Zeitung verbringen würde, aber das hätte sicher nichts zu bedeuten … Monikas Rechnung ging auf. Das Gerücht verbreitete sich wie ein Lauffeuer unter den Kollegen. Manche winkten einfach nur ab, wohlwissend, daß Gerüchte über angebliche Verhältnisse zu den beliebtesten Tratschereien gehören. Andere allerdings begannen, die neue Kollegin mit anderen Augen zu sehen. Strengte sie sich nicht wirklich übereifrig in den Konferenzen an? Hatte ihr der Ressortleiter nicht gerade wieder das tollste Thema gegeben? Lobte er ihre Geschichten nicht ganz besonders? Waren da nicht auch vielsagende Blicke zwischen den beiden? Hatte er sie nicht gestern schon wieder in sein Büro gerufen?

Karin B. ahnte nicht, was da gegen sie im Gang war. Sie bemerkte nur sonderbare Anspielungen von manchen Kollegen, mit denen sie nichts anfangen konnte. „Na, heute wohl nicht ganz ausgeschlafen – es gab wohl noch eine längere Privatkonferenz …" oder „Den Termin am Freitag sollen Sie machen, aber das wissen Sie vermutlich schon längst …" Anfangs versuchte sie, solche Bemerkungen mit einem leicht irritierten Lächeln wegzustecken. Sie konnte sich ohnehin keinen Reim darauf machen und fürchtete, sich lächerlich zu machen, wenn sie nachfragte. Doch die Anzeichen, daß etwas nicht mehr in Ordnung war, häuften sich. Nur noch wenige Kollegen fragten, ob sie mit in die Kantine käme. In ihrer Gegenwart wurde kaum mehr über den Job und schon gar nicht über die kleinen Macken des Ressortleiters gesprochen, dafür fing sie immer öfter abschätzige Blicke auf und wurde mit Sprüchen konfrontiert, die sie nicht nachvollziehen konnte. „Es gab eigentlich nichts Greifbares. Die meisten waren immer noch freundlich zu mir – aber sehr distanziert. Und manchmal überkam mich dieses fürchterliche Gefühl, daß mich alle heimlich anstarrten und mir keiner über den Weg traute. Aber dann dachte ich mir wieder: Warum sollten sie? Du bildest Dir das sicher nur ein." Doch ihr Unbehagen, die ständigen Zweifel wuchsen weiter. Das Gefühl, die anderen würden über sie reden und ihr Verhalten mit Argusaugen verfolgen, ließ sich nicht mehr verdrängen. Die Arbeit, die ihr anfangs so viel Spaß gemacht hatte, wurde zur lästigen Pflicht, schlimmer noch: Bereits morgens, wenn sie mit der S-Bahn zur Zeitung fuhr, sehnte sie den Abend herbei. Das reservierte Verhalten der anderen hatte ihr inzwischen auf den Magen geschlagen. Vor den regelmäßigen Konferenzen hatte sie jedesmal Bauchschmerzen, Themen schlug sie kaum mehr vor – nur nicht auffallen, dachte sie. In ihrer Not vertraute sie sich ausgerechnet Monika S. an. Diese nickte verständnisvoll, sie hätte auch schon bemerkt, daß „die Chemie nicht stimmte", wie sie es ausdrückte. Einen Grund? Nein, den gäbe es sicher nicht. Die Kollegen wären **40** eben sehr eigen. Und wenn sie jemanden nicht sympathisch fänden – wie **41** offensichtlich in Karins Fall –, dann gäbe es auch wenig Möglichkeiten, sie eines Besseren zu belehren. Keinesfalls sollte sie die anderen darauf ansprechen, damit würde sicher alles noch schlimmer werden. Aber mit ihrem Talent würde sie doch sicher mühelos auch eine andere Stelle bekommen ...

Und kurze Zeit spielte Karin tatsächlich mit dem Gedanken, sich klammheimlich eine neue Stelle zu suchen. Schließlich war die Probezeit noch nicht ganz abgelaufen und die Vorstellung, weiterhin von einem guten Teil der Redaktion als unliebsamer Eindringling behandelt zu werden, empfand sie als unerträglich. Doch Karin hatte Glück. Auch einem älteren Kollegen, der bereits seit mehr als zehn Jahren in der Redaktion arbeitete, waren die Gerüchte zu Ohren gekommen – und er wußte, was er davon zu halten hatte. Als er Karin zur Seite nahm, ihr erzählte, welche Vermutungen hinter vorgehaltener Hand ausgetauscht würden, war sie zuerst fassungslos. Wer konnte ein Interesse daran haben, solche Lügen über sie zu verbreiten? Nachdem der hilfsbereite Kollege mit einigen aus der Redaktion gesprochen hatte, war die Quelle schnell gefunden. Monika S. stritt zwar anfangs noch ab, diese Gerüchte erfunden zu haben, merkte aber schnell, daß die anderen ihr Doppelspiel durchschaut hatten und brach bald darauf den beruflichen und privaten Kontakt zur Zeitungsredaktion ab. Karin empfand das allerdings nicht als Befriedigung. „Ich war total verletzt – noch nie hatte ein Mensch vorher mein Vertrauen so mißbraucht. Ich kam mir ausgenutzt vor und dachte mir: Du bist einfach zu naiv." Ein Schlag, den sie nicht so schnell verdauen konnte. Das reservierte Verhalten der Kollegen konnte sie zwar jetzt verstehen: „Sie wußten eben nicht, ob sie mir voll trauen konnten oder ob ich nicht eben doch einen besonders heißen Draht zum Chef hatte – und gingen vorsichtshalber auf Distanz. Trotzdem hat es mich enttäuscht, daß es nur einer geschafft hat, die Mauscheleien offen anzusprechen. Wäre er nicht gewesen, wüßte ich vermutlich heute noch nicht, wieso sich viele so merkwürdig verhalten haben."

Als Karin B. ein gutes Jahr später ein Angebot von einer anderen Zeitung bekam, kündigte sie. Von den meisten Kollegen fiel ihr der Abschied recht leicht.

Die harmlose Gerüchteküche? Für den Betroffenen kann sie schnell zum Hexenkessel werden. Natürlich gehört Klatsch zum Alltag, hat – wie Psychologen feststellen – durchaus auch positive Seiten und eine soziale Funktion auch im Berufsalltag. Über andere herzuziehen ist eine Form

der Kommunikation, nicht gerade die feinste, aber auch nicht generell zu verdammen. Wenn zwei Kollegen beispielsweise über die kleinen Makken des Chefs lästern, können sie dabei ihre Ansichten austauschen, sie fühlen sich gegenseitig bestätigt und können – in der Regel auf harmlose Weise – Aggressionen abbauen.

Wie so oft kommt es auch beim Klatsch auf die Dosis an – und auf die Absicht, die dahintersteckt. Sobald ein Gerücht in Umlauf kommt, das den Betroffenen schlechtmacht und ihm sogar schaden kann, ist die erlaubte Grenze eindeutig überschritten. Starke Triebfedern für solche „informellen Gespräche" sind häufig eigene Schwächen, die beim Lästern auf einen Dritten projiziert werden, oder blanker Neid – auf die erfolgreiche Kollegin, den cleveren Bekannten. Auch Machtgelüste und übersteigerter Ehrgeiz kommen oft hinzu, wenn die Gerüchteküche entfacht wird. Wer wie Karin B. aus dem anfangs geschilderten Fallbeispiel Opfer gezielt ausgestreuter Unterstellungen wird, gerät schnell ins Abseits. Denn diese Form des Psychoterrors läuft für den Betroffenen häufig völlig unmerklich ab, sie ist meist nur zu erahnen. Das Opfer wird verstrickt in einen Alptraum, in dem sein Ansehen angekratzt und auf Dauer ruiniert wird – auf unterschiedliche Art und Weise.

■ Häufige Strategien

☐ *Heimtückisches Tuscheln.* Der Betroffene ahnt höchstens, daß in seiner Abwesenheit über ihn gesprochen wird – Gewißheit hat er meist nicht.

☐ *Geheimnisvolle Anspielungen.* Vor allem, wenn das Opfer völlig ahnungslos ist, kann es sich zweideutige Bemerkungen und merkwürdige Kommentare oft nicht erklären. Es grübelt vergeblich, wird zunehmend verwirrt und weiß letztlich oft nicht mehr, ob es der eigenen Wahrnehmung trauen kann oder ob es tatsächlich unter Einbildung leidet.

☐ *Einzelne Vorfälle werden aufgebauscht und generalisiert.* Frau X wurde einmal abends in einem Lokal gesehen – man dichtet ihr das Image an, jede Nacht in Kneipen herumzuhängen, Männer aufzureißen …

☐ *Bösartige Verleumdungen.* Auch wenn dabei „nur" ein einziges Gerücht in Umlauf gebracht wird, ist diese Form der üblen Nachrede besonders massiv und zerstörerisch. Einem Kollegen wird unterstellt, Alkoholiker zu sein; die Kollegin wird als Flittchen degradiert, das der

Karriere wegen mit jedem ins Bett steigt; die Neue soll angeblich in ihrer **42** alten Firma Geld unterschlagen haben ... **43**

☐ *Anschwärzen beim Chef.* Um der Betroffenen zu schaden und/oder sich selbst in ein gutes Licht zu rücken, werden dem Vorgesetzten vermeintliche Fehler oder Charakterschwächen des Opfers beiläufig angedeutet. Oder dem Chef wird zugetragen, Frau X würde sich über seinen Führungsstil beklagen oder sich darüber lächerlich machen. Im übrigen nähme sie es mit den Arbeitszeiten wohl nicht so genau ...

☐ *Negative Vorfälle werden dem Opfer in die Schuhe geschoben.* In der Regel nicht direkt, sondern subtiler. Die Glasscheibe des Kopierers ist eingedrückt – war nicht Frau X zuletzt im Kopierraum? Ein Papierkorb in der Abteilung fing Feuer – leert Frau X nicht immer dort ihren Aschenbecher aus? Der Computer ist abgestürzt – beklagte sich nicht Frau X vor kurzem, sie käme mit dem System nicht zurecht?

☐ *Gezielter Rufmord.* Ständig werden neue Verleumdungen und Gerüchte erfunden, die dem Opfer schaden. Unter Umständen werden die Beschuldigungen auch schriftlich verbreitet – durch anonyme Briefe an den Chef oder einen Aushang am Schwarzen Brett.

■ Die Folgen

Mobbing, das hinter vorgehaltener Hand, über Gerüchte und vage Unterstellungen betrieben wird, ist zwar stark verbreitet, aber am Anfang für die Opfer schwer erkennbar. Die Betroffenen wissen am Anfang meist gar nicht, was sich hinter ihrem Rücken zusammenbraut. Sie fühlen nur: Hier ist etwas im Busch. Eine Taktik, die schwer verunsichert, neben dem sozialen Ansehen auch das Selbstwertgefühl mindert. Bis das Opfer – wenn überhaupt – direkt mit den Vorwürfen konfrontiert wird, ist seine Glaubwürdigkeit meist schon in Mißkredit geraten. Häufig gelingt es auch nicht mehr, das ursprünglich unversehrte Ansehen wieder ganz herzustellen. „Steckt nicht doch ein Körnchen Wahrheit dahinter", fragen sich manche Außenstehende oft noch Monate oder Jahre später, „irgend etwas muß doch an dieser Geschichte dran gewesen sein!" Gerüchte halten sich hartnäckig, leider auch dann, wenn sie völlig aus der Luft gegriffen waren und beispielsweise von einem neidischen Rivalen erfunden wurden. Je länger Verleumdungen im Umlauf sind, um so schwieriger wird es, später jeden Zweifel auszuräumen.

Wie sich Betroffene wehren können

Wen das Gefühl beschleicht, Opfer der Gerüchteküche zu werden, sollte nicht erst abwarten, bis sich die Anzeichen verdichten. Im Anfangsstadium haben sich noch keine klaren Fronten gebildet, die Dinge lassen sich noch am besten steuern. Das Gerücht kann tatsächlich noch aus der Welt geschafft werden. Ein guter Weg: Einen oder auch mehrere Kollegen, denen man vertrauen kann, offen auf das Problem ansprechen: Was wird über mich geredet? Wer redet über mich? Häufig schweigen nämlich gerade faire Kollegen, weil sie den Betroffenen nicht belasten wollen. Der nächste Schritt: Den vermeintlichen Gerüchteverbreiter zur Rede stellen – sachlich, möglichst ruhig und in Gegenwart anderer, damit der Angesprochene das Ganze nicht einfach abstreiten kann. Wenn sich der vermeintliche Drahtzieher aus der Affäre zu ziehen versucht und behauptet, das Gerücht selbst nur gehört und ohne böse Absicht weitergetragen zu haben, dann bleiben Sie hartnäckig, und weisen Sie auf mögliche Konsequenzen hin nach dem Motto: „Schade, wenn Sie sich nicht mehr erinnern können, von wem Sie das Gerücht gehört haben. Daß ich den Vorfall dann dem Chef/Betriebsrat schildern muß, verstehen Sie sicher." Wichtig dabei: Leugnet der Intrigant weiter, darf sich die Ankündigung nicht als leere Drohung entpuppen. Ein Gespräch mit dem Vorgesetzten oder Betriebsrat ist in jedem Fall wichtig. Auch wenn sich die Quelle des Gerüchtes tatsächlich nicht finden läßt, dient es zur Abschreckung. Die Täter bekommen selbst Angst. Der Betroffene muß sich deshalb deutlich zur Wehr setzen und offen signalisieren: Ich lasse mir nicht gefallen, wenn schlecht über mich geredet wird. Um ein neues Aufflackern böswilliger Unterstellungen zu verhindern, sollte natürlich auch nach den Ursachen geforscht werden: Wo liegt der ursprüngliche Konflikt? Wie könnte er ausgeräumt werden?

Wie Außenstehende helfen können

Klar, wer selbst auf das Klatschkarussell aufspringt und Halbwahrheiten oder kränkende Unterstellungen weitergibt, macht sich mitschuldig. Natürlich kann man andererseits nicht jeden Klatsch, den man irgendwo aufschnappt, verfolgen und ausräumen – dazu hat niemand Zeit, und viele Gerüchte zerstreuen sich tatsächlich in Windeseile. Sich einfach herauszuhalten ist aber nur bis zu einem gewissen Punkt vertretbar. Sobald über

einen Kollegen verstärkt gelästert wird, sein Ansehen erste Kratzer be- **44**
kommt, sollte man eingreifen. **45**

☐ *Den Verantwortlichen zur Rede stellen.* Das heißt: Ihn darauf hinweisen, was er mit diesen Vermutungen anrichtet, und ihm klar machen, daß
es nur eine einzige Person gibt, mit der er über diese Gerüchte sprechen
sollte: den Betroffenen.

☐ *Den Betroffenen aufklären.* Vor allem wenn die Personen, die die
Gerüchte in die Welt setzen, einem offenen Gespräch mit ihrem Opfer
aus dem Weg gehen, sollte man die Dinge nicht auf sich beruhen lassen.
Das Opfer hat ein Recht, informiert zu werden, was von wem gesagt
wurde. Nur so kann es sich sinnvoll zur Wehr setzen. Außerdem braucht
der Betroffene Rückendeckung, die man ihm in jedem Fall bieten sollte.

☐ *Beide Seiten miteinander konfrontieren.* „Ich bin der Ansicht, Frau X
sollte wissen, was Frau Y über sie erzählt!" Wünschen die beiden ein
Gespräch unter vier Augen: okay. Häufig ist es aber ratsam, ein oder
mehrere Unbeteiligte sind bei dieser Aussprache dabei, damit der Vorfall
nicht einfach geleugnet werden kann. Außerdem gelingt es im Team oft
besser, einen Konflikt aufzudecken und nachhaltig auszuräumen.

☐ *Scheint sich der Konflikt auf der Kollegenebene nicht ausräumen zu
lassen, sollte eine Vertrauensperson einbezogen werden.* Das kann der
Betriebsrat sein oder auch ein Vorgesetzter.

Generell läßt sich dieser Form des Mobbings vorbeugen, indem man
schädliche Gerüchte rigoros aburteilt. Verbreiter übler Nachrede verlieren schnell die Lust, wenn ihre Neuigkeiten nicht auf Interesse, sondern
auf Ablehnung stoßen. Keinem Verleumder bereitet seine Freizeitbe-
schäftigung noch Vergnügen, wenn er mit der Frage konfrontiert wird:
„Haben Sie nichts Besseres zu tun, als hinter dem Rücken anderer Leute
solche Gemeinheiten zu verbreiten?" Je mehr Kollegen in einem Team
sich über diesen Punkt einig sind, um so geringer ist das Risiko, daß aus
harmlosem Klatsch brutaler Psychoterror wird.

Ein Kollege wird isoliert

Regine A., 36, Angestellte Regine arbeitete seit sieben Jahre im Öffentlichen Dienst, als sie von ihrer Behörde in eine andere, kleinere Stadt versetzt wurde. In der Dienststelle, die dort neu eingerichtet wurde, sollten bisher manuell erledigte Arbeiten auf EDV umgestellt werden. Regine freute sich auf diese neue Herausforderung, und da sie zu dieser Zeit auch nicht fest gebunden war, bereitete ihr der Ortswechsel keine größeren Probleme. Schon wenige Tage nach ihrem ersten Arbeitstag bemerkte sie, daß die Stimmung in dieser Abteilung äußerst gespannt war. Verwunderlich fand sie das nicht: Die Einweisung war unzureichend, es gab keinen Leitfaden, an den man sich halten konnte. Die Kompetenzen jedes einzelnen von den Vorgesetzten bis zu den Bearbeitern waren unklar. „Kurz gesagt: Es herrschte Verwirrung auf allen Ebenen." Die Kollegen versuchten sich in der ungewohnten Situation zu behelfen, indem sie sich zu Grüppchen verschworen und untereinander Absprachen trafen: Wie könnten wir das anpacken, wie jenes?

Daß ausgerechnet Regine schon zu diesem Zeitpunkt leicht ausgeklammert wurde, hatte vermutlich mehrere Ursachen: Sie war neu, während sich die meisten anderen von früheren Dienststellen bereits kannten. Sie hatte mehr EDV-Erfahrung als die anderen und wurde deshalb als Aufpasser empfunden, obwohl sie keine leitende Position innehatte. Und sie war gewerkschaftlich stark engagiert – eine Tatsache, die in dieser Dienststelle auf allgemeine Skepsis stieß. Natürlich versuchte Regine, Anschluß zu finden. Anfangs schien das auch zu glücken. Daß sie dennoch häufiger von manchen Kollegen einen unfreundlichen Satz oder eine aggressive Bemerkung kassierte, beunruhigte sie nicht besonders: „Natürlich gab es Spannungen, aber die habe ich nicht mit mir persönlich in Verbindung gebracht. Die Stimmung war eben allgemein gereizt, und da darf man doch nicht jedes Wort auf die Goldwaage legen." Doch je angespannter die Situation, um so deutlicher wurde Regine zur Zielscheibe des wachsenden Unmuts. Funktionierte das EDV-System nicht, richteten sich die Blicke vorwurfsvoll auf Regine. Kam eine Beschwerde von oben, wurde der Frust erstmal an ihr abgelassen. Regine erklärt sich das Verhalten ihrer Abteilung heute so: „Sie brauchten einen Sündenbock, der an dem ganzen Schlamassel schuld sein sollte. Und ich wurde zu diesem Buhmann bestimmt. Am Anfang, glaube ich, fanden

mich 80 Prozent aller Kollegen in Ordnung. Zum Schluß gab es keinen mehr, der **46** hinter mir stand". **47**
Damals erlebte sie wie in Trance die allmähliche Eskalation, die sich über zwei Jahre lang hinzog: Türen wurden geschlossen, sobald Regine vorbeikam. Eisiges Schweigen, wenn sie einen Raum betrat oder sich in der Kantine zu den anderen an den Tisch setzte. Von den neuen Bestimmungen, die für ihre Dienststelle erlassen wurden, erfuhr sie nur durch Zufall. Als sie um eine Aussprache bat, wurde sie abgeschmettert: „Du willst dich doch nur in den Mittelpunkt rücken", hieß es. Auch ihre Vorgesetzten fertigten sie ab: „Damit müssen Sie schon selbst fertigwerden."
Schwindelgefühle, Zittern am ganzen Körper – das waren die ersten körperlichen Symptome, die Regine wahrnahm. Sie versuchte, ihre Nerven unter Kontrolle zu halten: Das hört auf. Das darf nicht wahr sein. Die Demokratie kann doch nicht an der Stechuhr einfach aufhören, sagte sie sich immer wieder. „Ich war teilweise wie gelähmt und sah irgendwann nur noch ohnmächtig zu, wie das ganze Klima gegen mich umkippte." Eine Kollegin, mit der sie sich immer gut verstanden hatte, zuckte bedauernd mit den Schultern als sie sie um Unterstützung bat. „Das mußt du verstehen. Wenn ich mich hinter dich stelle, bin ich bei den anderen unten durch."
Regine wurde krank, immer häufiger. „Eigentlich wurde ich irgendwann gar nicht mehr richtig gesund." Infektionen, Herz-Kreislauf-Erkrankungen, Sehstörungen, Schwindelanfälle. „Dazu kamen tiefgreifende Ängste, die ich früher nie gekannt hatte." Auch die Angst, durchzudrehen, den Verstand zu verlieren. „Bei jedem Satz zuckte ich zusammen, ich vermutete wieder irgend etwas. Das hatte zur Folge, daß ich richtig stumm geworden bin, mich nur noch in mich selbst verkrochen habe." Der Personalrat war ziemlich hilflos, wagte nicht einzugreifen. Die einzige Stütze waren die Freunde von früher, mit denen sie häufig telefonierte oder die sie für ein Wochenende besuchte. „Schmeiß alles hin!", rieten sie ihr. Doch wovon sollte sie leben? „Die neue Wohnung war teuer, ich hätte nicht einmal gewußt, wie ich die Miete bezahlen soll. Außerdem stand ich wie unter einem Schock und konnte nicht mehr folgerichtig handeln."
Der Betriebsarzt verordnete ihr eine Kur. Diagnose: Völlige Erschöpfung. Während der zehn Wochen gewann sie zumindest genügend Abstand, um zu erkennen, daß sie tatsächlich aus dieser Dienststelle weg mußte: „Irgendwann", sagt sie, „ist die Angst, selbst mit Leib und Seele auf der Strecke zu bleiben, größer als die Angst vor Arbeitslosigkeit." Während dieser Zeit hatte man

allerdings bereits Regines Versetzung beschlossen. Einen richtigen Platz fand man nicht, sie wurde in verschiedenen Abteilungen herumgereicht. „Es war für mich trotzdem ein Erfolgserlebnis." Mit den anderen Angestellten gab es keinerlei Reibereien, kein Schweigen, keine verschlossenen Türen. Nach einem Jahr schaffte sie es, sich einer Kollegin anzuvertrauen. Die schlug die Hände über dem Kopf zusammen, sagte dann aber: „Sowas passiert hier leider häufiger." Die fürchterliche Situation konnte Regine trotzdem nicht vergessen. Es war ihr stets bewußt, daß ihr „Fall" durch die gesamte Dienststelle gegangen war. Die Kollegen von früher traf sie zwangsläufig noch manchmal auf dem Gang oder in der Kantine. „Die meisten grüßten förmlich und guckten dann schnell weg, einige blickten mich durchdringend an und ließen mich ihre Abneigung spüren. Zum Teil bekam ich auch noch anonyme Anrufe." Ein Jahr nach Beendigung des Horrortrips beschloß sie zu kündigen. Sie hatte das Gefühl, in diesem Gebäude, in dem sie den Alptraum erlebt hatte, niemals wieder ganz stabil und gesund zu werden. Sie zog wieder in die Stadt, aus der sie gekommen war, und fand eine kleine, günstige Wohnung. Heute lebt Regine von Arbeitslosenhilfe und ist zuversichtlich, bald eine passende Stelle zu finden. Daß sie sich finanziell momentan sehr einschränken muß, nimmt sie gelassen hin: „Hauptsache, ich bin aus der Sache nochmal heil herausgekommen."

Kommunikation ist ein Grundbedürfnis des Menschen und gleichzeitig auch Voraussetzung für soziale Kontakte. Wer – aus welchem Grund auch immer – keine Möglichkeit hat, mit anderen zu reden, sich mitzuteilen und auszutauschen, beginnt oft bereits nach kurzer Zeit unter diesem Zustand zu leiden. Natürlich gibt es Arbeitsplätze, an denen Kommunikation kaum oder nur unter erschwerten Bedingungen möglich ist: wenn die Arbeitsbereiche der einzelnen Kollegen streng voneinander getrennt sind zum Beispiel, wenn es zu laut ist oder auch äußerst hektisch zugeht. Welche Folgen solche kommunikationsfeindlichen Arbeitsbedingungen haben können, schildern Heiner Dunckel und Dieter Zapf in ihrem Buch „Psychischer Streß am Arbeitsplatz" (Köln, 1986): „Arbeitsplätze ohne ausreichende Möglichkeiten zur Kommunikation … begünstigen psychische Streßreaktionen, da sie keine soziale Unterstützung zulassen." Wenn also die sozialen Kontakte aufgrund äußerer Arbeitsbedingungen eingeschränkt sind, ist das für jeden einzelnen eine Belastung, aber gleichzeitig auch ein *gemeinsames* Problem: Den anderen

Kollegen geht es schließlich auch nicht besser. Natürlich ist das nur ein **48** schwacher Trost. Ungleich belastender allerdings ist es, wenn man als **49** *einziger* und scheinbar *absichtlich* von anderen in die Isolation gedrängt wird. Vermutlich hat jeder schon die bedrückende Erfahrung gemacht, von einem anderen für eine gewisse Zeitspanne ignoriert zu werden. Als Kind zum Beispiel, wenn die Mutter so verärgert war, daß sie stundenlang kein Wort mehr redete. Als Jugendlicher, wenn nach einem Streit mit der besten Freundin oder einem Klassenkameraden tagelang Funkstille herrschte. Und ebenso als Erwachsener, wenn es Zoff mit dem Partner gab und dieser danach deutlich signalisierte: Bitte sprich mich nicht an! Mit dir möchte ich momentan nichts zu tun haben!

In diesen Situationen fühlt man sich meist sehr unsicher, man kann sich kaum ablenken und hofft, daß dieser unangenehme, beklemmende Zustand möglichst schnell ein gutes Ende nimmt. Und in der Regel sind diese Phasen auch nur von kurzer Dauer, es kommt zur Versöhnung, und der Vorfall ist rasch vergessen.

Bei Mobbing ist das anders. Wie lange die Isolation durch einen einzelnen oder auch mehrere andauert, ob sie überhaupt wieder aufhört, weiß der Betroffene nicht. Darüber hinaus können sich die meisten Opfer auch gar nicht erklären, warum sie geschnitten und auf diese brutale Weise „bestraft" werden. Es trifft sie häufig unvorbereitet, aus heiterem Himmel. Warum gerade ich? Was habe ich getan, daß ich so behandelt werde? Das sind Fragen, die sich die Betroffenen zwangsläufig stellen. Immer und immer wieder. Wie bereits ausgeführt, sind die Ursachen unterschiedlich und haben oft mit der Person des Opfers wenig oder gar nichts zu tun. Wer letztlich zum Buhmann abgestempelt wird, das ist häufig – wie auch in Regines Fall – vom Zufall abhängig.

Entscheidend für das Opfer ist natürlich immer, von wem und von wie vielen es ignoriert und abgewiesen wird. Der harmloseste Fall besteht sicherlich, wenn es sich nur um eine Person handelt, mit der man darüber hinaus nicht unmittelbar zusammenarbeiten muß – eine Kollegin aus einer anderen Abteilung beispielsweise. Unerträglich hingegen wird es auf Dauer, wenn man ausgerechnet von der Kollegin, mit der man ein Büro teilt, oder dem unmittelbaren Vorgesetzten auf Eis gelegt wird. Darüber hinaus besteht natürlich häufig die Gefahr, daß sich allmählich immer mehr Kollegen an der Isolierung beteiligen. Vom ganzen Team

oder, wie in Regines Fall, von der gesamten Dienststelle geschnitten zu werden, ist ein Alptraum, der allzu häufig Realität wird. Das heißt nicht, daß jeder der Kollegen zwangsläufig auf der Suche nach einem Sündenbock war. Dem einen oder anderen ist sicher unbehaglich bei dieser völligen Ausgrenzung.

Gruppenzwang spielt dabei oft eine Rolle. Die Angst, selbst ausgegrenzt zu werden, ist häufig stärker als das schlechte Gewissen. Ein Phänomen, das sich bereits bei Kindern feststellen läßt: Wird einer aus der Klasse von mehreren Schülern in eine Außenseiterrolle gedrängt – weil er schwächer, klüger, ärmer, reicher oder was auch immer ist –, wenden sich oft auch die anderen Mitschüler von ihm ab oder beteiligen sich sogar an dem grausamen Spiel – aus Angst, der nächste zu sein. Die Methoden, die Erwachsene anwenden, um jemanden ins Abseits zu drängen, sind dabei nicht weniger erschreckend als die der Kinder.

■ Häufige Strategien

□ *Unterstützung wird verweigert.* Die Kollegin befindet sich beispielsweise unter äußerstem Zeitdruck, während die andere gerade Leerlauf hat. Trotzdem wird die Bitte um Hilfe abgeschlagen. Auf Fragen gibt es keine sinnvollen Antworten, Ratschläge werden verweigert.

□ *Türen werden verschlossen.* Sobald das Opfer in die Nähe kommt, wird die Tür demonstrativ zugemacht. Die Botschaft ist eindeutig: Betreten und Zuhören verboten – wenn auch nur für Sie!

□ *Zusammenarbeit wird abgeblockt.* Mehrere Mitarbeiter sollen gemeinsam einen Vorschlag ausarbeiten oder eine Aufgabe erledigen – der oder die Mobber setzen bereits im Vorfeld alles daran, damit das Opfer nicht mit von der Partie ist. Unter Umständen machen sie das sogar vor dem Chef deutlich: „Könnte ich diesen Auftrag bitte mit jemand anderem erledigen?"

□ *Das Opfer wird wie Luft behandelt.* Der Betroffene wird nicht gegrüßt, er wird nicht angesprochen, was er sagt, wird überhört – man verhält sich so, als gäbe es ihn gar nicht.

□ *Das Opfer darf sich nicht äußern.* Bei einer Diskussion wird der Betroffene nach den ersten Worten unterbrochen oder sogar beschimpft: „Wer hat Sie denn gefragt?", „Ihre Meinung interessiert hier niemanden!", „Müssen Sie sich immer in den Vordergrund spielen?"

☐ *Neuigkeiten werden zurückgehalten.* Alle wissen, daß ein neuer Chef **50** oder eine neue Kollegin kommt, das Opfer erfährt es prinzipiell zuletzt **51** oder nur durch Zufall. Häufig wird der Eindruck, ausgeschlossen worden zu sein, durch Kommentare noch verstärkt: „Das war doch schon längst bekannt – sonderbar, daß Sie nie etwas mitbekommen …"

☐ *Wichtige Informationen werden vorenthalten.* Die Preise wurden erhöht, gewisse Briefe oder Akten müssen einem anderen Vorgesetzten vorgelegt werden als bisher, das Computersystem wurde etwas geändert – jeder in der Abteilung weiß Bescheid, nur das Opfer wurde vom Informationsfluß abgeschnitten. Eine hinterhältige Taktik: Denn der Betroffene fühlt sich dadurch nicht nur isoliert, es unterlaufen ihm zwangsläufig auch Fehler, weil er sich nicht an die neuen Anweisungen oder Veränderungen halten kann, solange er sie nicht kennt. Dadurch sammelt das Opfer auch bei den Vorgesetzten schnell Minuspunkte.

☐ *Gespräche werden abrupt beendet.* Sobald man den Raum betritt, hört jeder auf zu sprechen. Dieses eisige Schweigen sagt tatsächlich mehr als tausend Worte: Das Opfer wird als Störfaktor stigmatisiert.

☐ *Ausgrenzung von den geselligen Teilen des Arbeitsalltags.* Der Betroffene wird nicht mehr aufgefordert, mit in die Kantine zu gehen, er darf nicht auf der gemeinsamen Geburtstagskarte für die Kollegin unterschreiben, niemand erwähnt, daß nach Feierabend noch eine Flasche Sekt geöffnet wird. Unter Umständen wird der Affront noch deutlicher signalisiert: Das Team wechselt beispielsweise beim Mittagessen den Tisch, wenn sich der Betroffene dazusetzt, oder behauptet, alle Stühle wären besetzt, obwohl sie offensichtlich frei sind.

☐ *Räumliche Isolierung.* Die Versetzung in das abgelegene, kleine Büro am Ende des Ganges können in der Regel natürlich nur Vorgesetzte in die Wege leiten. Kollegen untereinander behelfen sich auf ihre Weise: Sie schieben den Schreibtisch des Opfers in die äußerste Ecke oder errichten einen Sichtschutz durch Pflanzen.

■ Die Folgen

Wie lange man eine Sonderbehandlung dieser Art erträgt, ist natürlich individuell verschieden. Manche Menschen brechen nach wenigen Wochen völlig zusammen, wenn sie beispielsweise von der gesamten Belegschaft massiv isoliert werden. Doch auch wenn die Ausgrenzung nur von

einigen Kollegen und weniger stark dosiert betrieben wird, wächst die Verzweiflung enorm schnell. Das Gefühl, ausgestoßen zu sein, nicht dazugehören zu dürfen, gehört zu den unerträglichsten. In jedem Menschen steckt schließlich das Bedürfnis, gemocht, geschätzt oder zumindest akzeptiert zu werden. Wird ein Mensch isoliert, bedeutet das einen massiven Angriff auf sein Selbstwertgefühl, auf seine Selbstachtung. Immerhin ist das Bild, das man von sich selbst hat, auch abhängig von der Einschätzung der anderen. Wird man von anderen als überflüssig oder gar störend angesehen, bleibt das Selbstbewußtsein auf Dauer davon natürlich nicht unbeschadet. Darüber hinaus wird durch die Isolierung auch der Wunsch, sich mitzuteilen und sich zu unterhalten, untergraben. Natürlich beschränken sich soziale Kontakte, die für das persönliche Wohlbefinden unerläßlich sind, nicht auf den Beruf – unterschätzen sollte man ihre Bedeutung im Arbeitsbereich allerdings nicht. Schließlich verbringen die meisten Menschen einen Großteil ihrer Zeit zwangsläufig mit Kollegen. Herrscht am Arbeitsplatz Funkstille, bedeutet das für die Betroffenen einen Streßfaktor, der über kurz oder lang zu schweren psychischen und physischen Symptomen führen kann.

■ Wie sich Betroffene wehren können

Auch hier gilt natürlich: Je früher man zu Gegenstrategien greift, um so besser. Wichtige Punkte:

☐ *Rückendeckung suchen.* In der Regel hat man zumindest am Anfang nur einen oder wenige Kollegen gegen sich. Je rascher man sich in der Abteilung, im Team Verbündete sucht, um so stärker wird die eigene Position. Alle Kollegen, denen man vertrauen kann, sollten deshalb auf die eigenen Befürchtungen aufmerksam gemacht werden. Dazu gehört auch, ihnen deutlich zu machen: „Es ist wichtig, daß ihr mich unterstützt, ich verlasse mich auf euch!" Dadurch fühlen sich die anderen mitverantwortlich und in die Pflicht genommen. Man selbst fühlt sich durch eine solche Rückendeckung automatisch sicherer und kann selbstbewußter auftreten.

☐ *Die Aussprache fordern.* Es hat keinen Sinn, wenn sich zwei oder mehrere Grüppchen gegeneinander verschwören. Abgesehen davon wächst natürlich mit der Zeit auch die Gefahr, daß die eigenen „Verbündeten" abtrünnig werden, wenn der Druck der anderen zu stark wird.

Deshalb ist es wichtig, möglichst rasch aktiv zu werden und eine Aussprache einzuleiten. Der Versuch, in einem Gespräch unter vier Augen die Sache zu bereinigen, kann sich lohnen. Der Angreifer fühlt sich dann nicht vor anderen bloßgestellt und ist unter Umständen eher gewillt einzulenken. Allerdings kann der Wunsch nach dieser Aussprache auch auf Ablehnung stoßen, vor allem dann, wenn sich mehrere Kollegen gegen einen verschworen haben. Allein steht man meist auf verlorenem Posten, da es schließlich zur Isolationsstrategie gehört, das Opfer nicht zu Wort kommen zu lassen. In diesem Fall braucht man natürlich die Unterstützung der eingeweihten Kollegen, die auf dem Gespräch bestehen und auch daran teilnehmen.

☐ *Fair, aber deutlich sein.* Aggressiv aufzutreten bringt meist ebensowenig wie eine mitleidheischende Demutshaltung. Die Aussprache sollte möglichst sachlich ablaufen. Schildern Sie knapp und präzise, wie, wann und von wem Sie sich ausgegrenzt fühlten. Machen Sie klar, daß Sie an einer friedlichen Lösung interessiert sind, dafür aber auch die Gründe für das Verhalten der anderen kennen müssen. Es muß aber auch deutlich werden, daß Sie sich künftig an höhere Stellen wenden werden, wenn die Isolierung fortgesetzt wird.

☐ *Vorgesetzte oder Betriebsrat einschalten.* Das ist vor allem dann nötig, wenn eine Aussprache keine Wirkung zeigte, verhindert wurde oder schlimmstenfalls bereits alle Kollegen gegen Sie sind. In manchen Fällen gelingt es, durch Intervention des Chefs die Isolierung zu durchbrechen. Die Regel ist es leider nicht. Wird man bereits von allen Kollegen als Außenseiter behandelt, bleiben oft nur Auswege wie Versetzung oder Kündigung.

☐ *Das Selbstbewußtsein stärken.* Je massiver das Selbstwertgefühl im Beruf attackiert wird, um so wichtiger wird es, das eigene Ego im Privatleben zu stärken. Durch Freunde, Familie, Freizeitinteressen. Dadurch gewinnt man letztlich auch noch am ehesten Distanz und schöpft Energie, um den Psychoterror auszuhalten. Manchen Menschen gelingt es tatsächlich, das Ende eines Mobbing-Prozesses abzuwarten und so lange durchzuhalten, bis der oder die Täter ihre Treibjagd einstellen, weil die erhoffte Wirkung ausbleibt. Dazu sind allerdings große psychische Kraftreserven nötig und auch etwas Glück. Skandinavische Untersuchungen haben ergeben, daß die durchschnittliche Belastungszeit bei

Mobbing 15 Monate beträgt. Doch niemand kann garantieren, ob man nicht drei Jahre oder noch länger durchhalten muß.

■ Wie Außenstehende helfen können

Auch für Kollegen, die nicht unmittelbar involviert sind, ist es wichtig, rechtzeitig einzugreifen. Später sind die Fronten häufig zu verhärtet, die Mittäter unter Umständen bereits in der Überzahl. In jedem Fall sollte man dem Opfer klar machen, daß es nicht alleine ist – und das auch demonstrieren. Indem man beispielsweise den Betroffenen vor allen anderen bittet, mit in die Kantine zu gehen, oder ihn um seine Meinung zu einem wichtigen Problem fragt – kurz: die Isolierung muß aktiv durchbrochen werden. Im Alleingang ist das natürlich schwierig, deshalb sollte man sich mit anderen Kollegen absprechen und eine Lobby bilden. Wird das Opfer trotzdem von den Drahtziehern weiter geschnitten, muß Klartext gesprochen werden. Ob die Aussprache besser im kleinen Kreis oder vor dem gesamten Team stattfindet, hängt natürlich von der jeweiligen Situation ab. Beide Seiten müssen jedenfalls die Gelegenheit haben, ihre Sicht der Dinge darzustellen, und auch die möglichen Ursachen des Konfliktes dürfen dabei nicht außer acht gelassen werden. Doch dem oder den Tätern muß unweigerlich klar werden, daß ihr Verhalten von den anderen nicht mehr gebilligt wird.

Die Arbeit wird sabotiert

Renate H., 32, Touristikbetriebswirtin   Renate war selbst manchmal überrascht, wie reibungslos ihre Karriere verlief. Nach ihrem Touristikstudium hatte sie bei einem Reiseveranstalter angefangen, durfte bereits nach kurzer Zeit verantwortungsvolle Aufgaben übernehmen. Mit Kollegen wie Vorgesetzten, Kunden wie Geschäftspartnern war sie immer glänzend ausgekommen. Kurz vor ihrem 30. Geburtstag bekam sie dann das verlockende Angebot, in einer von drei Filialen einer kleinen Reisebürokette die Geschäftsführung zu übernehmen. Sie griff zu, ging voller Elan und Begeisterung ans Werk.

Ihr Chef, der die Filiale früher selbst geleitet hatte, war nach einer kurzen Einarbeitungszeit nur noch sporadisch anwesend – somit war sie die meiste Zeit allein mit ihren fünf Mitarbeitern. Daß sie mit Vorbehalten rechnen mußte, war ihr klar: „Ich war eine der jüngsten im Team und die einzige mit Studium." Vor allem zwei Reiseverkehrskauffrauen, beide Ende 30 und bereits seit mehr als zehn Jahren in der Firma, ließen die neue Chefin spüren, daß sie mit der Wahl des Inhabers nicht zufrieden waren. Wie Renate erst viel später erfuhr, hatten sich Frau K. und Frau N. selbst Hoffnungen auf die Stelle gemacht und die anderen Kollegen offensichtlich auch schon gegen die Neue aufgehetzt. Ein zusätzliches Problem: Solange der Chef selbst das Reisebüro geleitet hatte, waren die beiden Frauen seine wichtigsten Mitarbeiterinnen gewesen, und er hatte sie im Laufe der Jahre mit mehr Kompetenzen ausgestattet als die anderen. Jetzt sahen sie sich durch Renate offensichtlich ihrer Privilegien beraubt.

Die ersten Wochen nach der Einarbeitungszeit, erinnert sich Renate, waren das reine Chaos. Zwar lief der normale Arbeitsalltag scheinbar reibungslos. Doch sobald es beispielsweise Probleme mit der EDV-Anlage gab, wandten sich Frau K. und Frau N. nicht an Renate, sondern warteten weiterhin auf ihren Chef. Nicht einmal die Dekoration des Schaufensters wollten sie mit der „Neuen" besprechen. Ein unhaltbarer Zustand. Als Renate bat, daß die beiden sie über alle Schwierigkeiten informieren sollten, fragten sie nur provozierend: „Glauben Sie nicht, daß Sie sich damit überfordern?" Renate wandte sich an den Chef, der den beiden offensichtlich ins Gewissen redete. „Aber ab diesem Zeitpunkt knallten sie mir alles, wirklich alles auf den Schreibtisch. Sogar wenn die Kataloge knapp wurden, haben Sie mir einen Zettel hingelegt, anstatt den Hörer selbst in

die Hand zu nehmen." Eine Abmahnung? Renate wollte niemanden vor den Kopf stoßen, hatte Angst vor der Tragweite solcher Schritte und versuchte es auf die kollegiale Art. Sie erklärte dem gesamten Team, daß sie natürlich auf das Fachwissen jedes einzelnen angewiesen sei und auch wolle, daß jeder eigenverantwortlich arbeite. Nur wenn eben gravierende Probleme auftreten würden, müsse sie doch informiert werden. Frau N. meinte darauf nur: „Sie können sich wohl auch nicht entscheiden – sind Sie nun die Chefin, oder wird Ihnen die Arbeit doch zuviel?" Renate fühlte sich in die Enge getrieben, entgegnete nur noch: „Ich glaube schon, daß Sie mich verstanden haben." An diesem Tag, so meint sie heute, wurde ihr das erste Mal richtig unheimlich. Das Gefühl, absichtlich mißverstanden zu werden, war ihr völlig neu. Sie saß bis elf Uhr abends im Büro, um möglichst viel selbst zu erledigen, und lag danach stundenlang wach.

Die beiden Kolleginnen ließen auch weiterhin kaum eine Gelegenheit aus, um Renate möglichst viele Steine in den Weg zu legen. Wichtige Informationen zum Beispiel über neue Provisionen wurden ihr vorenthalten – viele Geschäftspartner aus der Reisebranche wandten sich aus alter Gewohnheit weiterhin an die beiden Kolleginnen, adressierten Änderungen an sie. Die Folge: Renate war nicht immer auf dem aktuellen Stand, es passierten häufiger Fehler, die im Nachhinein korrigiert werden mußten. Renates Nervosität stieg von Tag zu Tag. Bereits gegen Mittag bekam sie oft Kopfschmerzen, zum Essen hatte sie häufig keine Zeit und schon gar keinen Appetit. Ständig tauchten neue Hindernisse auf. Renate suchte eine Kundenkarte – dreimal, viermal wühlte sie in der Ablage. Vergebens. Frau N. sah ihr dabei ungerührt zu. Als Renate sie fragte, wo die Karte denn sein könnte, meinte diese: „Diesen Kunden haben wir nicht unter seinem Nachnamen abgelegt, sondern unter dem Namen seiner Firma – das haben wir bei dem schon immer so gemacht, bei manchen machen wir es eben anders." Ob man sich denn nicht auf ein einheitliches Ablagesystem einigen könne, wollte Renate wissen. Die knappe Antwort: „Wir kamen bisher damit immer klar."

Doch bei diesen Attacken blieb es nicht: Manche Kundenkarteien verschwanden spurlos, Kataloge, die angeblich seit Wochen bestellt waren, kamen nie an – „Ich war jeden Tag stundenlang nur noch damit beschäftigt, Fehler auszubügeln, meine eigentliche Arbeit stapelte sich." Wer hinter diesen Aktionen steckte, war ihr völlig klar, nur wagte sie nicht, Frau K. und Frau N. zur Rede zu stellen, machte gute Miene zum bösen Spiel. 14, oft 16 Stunden verbrachte Renate inzwischen im Büro, häufig auch am Wochenende. Ihr Freund war darüber alles andere als begeistert. Er beklagte sich, daß Renate fast nie Zeit hätte, außerdem ständig

gereizt sei und riet ihr, mit dem Chef zu sprechen. „Vermutlich hätte ich das **56**
auch tun sollen", meint Renate heute, „doch erstens befürchtete ich, daß die **57**
Kollegen mich dann erst recht boykottieren würden, und zweitens wollte ich mir
und auch dem Chef beweisen, daß ich es allein schaffe. Und selbst knallhart
durchgreifen? Ich dachte eben immer, ein Team läßt sich ohne Druck und
Machtspiele besser führen." Wenn sie, wie so oft, nachts wach lag, überlegte
sie immer wieder, was sie falsch gemacht haben und wie sie das Team, insbesondere die beiden Frauen, doch noch auf ihre Seite bringen könnte. Als eine
neue Praktikantin anfing, versuchte sie ihr Glück bei Frau K. und fragte, ob sie
die Neue nicht einweisen könnte: „Sie machen das mit ihrer Erfahrung sicher
besser als ich, außerdem kann Ihnen die Praktikantin vielleicht auch den Klein-
kram abnehmen – ich brauche Sie doch für Wichtigeres." Frau K. stutzte kurz,
aber nach einem Seitenblick zu Frau N. schüttelte sie den Kopf: „Nein, dazu habe
ich keine Zeit." In diesem Moment, meint Regine heute, hätte sie gewußt, daß
sie einfach keine Chance hatte. Die Kluft war zu tief. Frau N. hätte es niemals
zugelassen, daß Frau K. aus der gemeinsamen Front ausschert und nun doch
mit der neuen Chefin gut zusammenarbeitet. Und umgekehrt. Mit Tränen in den
Augen ging Renate an ihren Schreibtisch zurück, an dem sie gut fünf Monate
vorher zum ersten Mal gesessen hatte. Damals euphorisch und voller Tatendrang.
Jetzt waren ihre Kraftreserven erschöpft. „Auch gesundheitlich hätte ich nicht
mehr so weitermachen können. Ich hatte bereits fünf Kilo abgenommen, ständig
Kreislaufprobleme und immer wieder diese furchtbaren Kopfschmerzen. Außerdem glaubte ich zu diesem Zeitpunkt selbst, daß ich eine Versagerin bin und
nicht das Zeug zu einer guten Chefin habe."
Vier Monate nach ihrer Kündigung konnte sie wieder bei ihrem alten Arbeitgeber
anfangen, inzwischen hat sie zehn Mitarbeiter unter sich. Trotzdem kommt sie
heute noch manchmal ins Grübeln: Wäre es anders gelaufen, wenn mich der
Chef besser vorbereitet hätte, wenn ich den beiden von Anfang an mehr
Kompetenzen übertragen hätte? Oder hätte ich gleich am ersten Tag auf den
Tisch hauen müssen? „Natürlich bringt das nichts – außer, daß ich sofort wieder
ein mulmiges Gefühl bekomme. Aber so schnell läßt sich so eine Geschichte
eben nicht abhaken."

Mobbing von Untergebenen zu Vorgesetzten kommt verständlicherweise seltener vor als der Psychoterror von oben oder auf gleicher Ebene.
Daran fehlt es den Mitarbeitern allein schon an Macht und den damit

verbundenen Möglichkeiten. Doch auch wer eigentlich am längeren Hebel sitzt, zieht im Berufsalltag ab und zu den kürzeren. In Schweden liegt der Anteil dieser Mobbingfälle bei 9 Prozent. Gefährlichen Zündstoff gibt es meist dann,

- wenn der Vorgesetzte im Vergleich zu seinen Mitarbeitern jung ist und deshalb häufig nicht als kompetente und erfahrene Autorität eingeschätzt wird,
- wenn das Team in sich stark ist, eine eingeschworene Gruppe darstellt,
- wenn der Vorgesetzte auf der Hierarchieleiter selbst noch relativ weit unten rangiert und weitere Chefs über sich hat,
- wenn sich die Mitarbeiter einen anderen Chef gewünscht hätten oder sich manche sogar selbst Chancen auf den Posten ausgerechnet haben,
- wenn der frühere Chef besonders beliebt war,
- wenn der neue Vorgesetzte eine andere, höhere Ausbildung hat als die Mitarbeiter. Viele Universitäts- und Fachhochschulabsolventen beispielsweise machen beim Eintritt ins Berufsleben die Erfahrung, daß ihre stark theorieorientierte Ausbildung von all jenen Mitarbeitern belächelt und kritisiert wird, die ihr Handwerk „von der Pike auf" gelernt haben.

Wie Renates Beispiel zeigt, sind Untergebene natürlich unter gewissen Bedingungen in der Lage, einem Vorgesetzten das Arbeitsleben so lange zu vergällen, bis er das Handtuch wirft. Indem man ihn isoliert, Verleumdungen in Umlauf bringt oder indem man es ihm eben schlichtweg unmöglich macht, seine Aufgabe zu erfüllen, und seine Führungsposition unterläuft.

Die Arbeit eines anderen systematisch zu sabotieren – das ist eine Mobbing-Methode, die allerdings auch immer wieder unter gleichgestellten Kollegen betrieben wird. Diese Art des Psychoterrors wird häufig im Alleingang durchgeführt. Klar: Während der Mobber zumindest indirekt Unterstützung braucht, um die Gerüchteküche zu schüren oder sein Opfer ins Abseits zu drängen, braucht er bei dieser Methode in der Regel keine Verstärkung. Und wenn er sich geschickt anstellt, wird er nicht einmal durchschaut und bleibt in den Augen der anderen das Unschuldslamm. Denn viele Strategien werden verdeckt ausgespielt – ohne daß sich der Verantwortliche zu erkennen geben muß.

■ Häufige Strategien 58

☐ *Arbeitsunterlagen und -geräte verschwinden.* Akten, Briefe, Werk- 59
zeuge des Opfers werden entwendet und sind nicht mehr aufzufinden.
Unter Umständen tauchen sie nach ein paar Tagen, einer Woche wieder
auf – zum Beispiel in der Schreibtischschublade des Opfers, seinem Fach
und seiner Werkzeugtasche.

☐ *Fälschungen und Beschädigungen.* Die Kollegin tippt nach Feierabend bereits fertige Briefe, die das Opfer geschrieben hat, nochmal ab –
fehlergespickt – und legt sie dem Chef wieder klammheimlich zum
Unterzeichnen auf den Tisch; der fein geschliffene Türrahmen, den der
Tischlergeselle abends noch fertiggestellt hat, weist am nächsten Morgen
einen tiefen Kratzer auf; die Reportage, die die Journalistin in den Computer getippt hat, ist am nächsten Morgen nur noch halb so lang oder
voller falscher Fakten.

☐ *Informationslüge.* Wichtige Besprechungen werden absichtlich falsch
terminiert, Änderungen im Produktionsablauf verschwiegen. Wenn das
Opfer sich beschwert, heißt es: „Das müssen Sie falsch verstanden haben." „Vielleicht haben Sie es vergessen – ich habe Ihnen den Termin
garantiert mitgeteilt."

☐ *Unterschlagungen.* Wichtige Briefe, Arbeitsmaterial oder Unterlagen,
auf die das Opfer dringend wartet, kommen nie an – obwohl sie abge-
schickt wurden.

☐ *Hinterhältige Blockade.* Man weigert sich, mit dem anderen zusam-
menzuarbeiten – eine offene, direkte Form der Arbeitsbehinderung, die
sowohl (wie im oben geschilderten Fallbeispiel) von unten nach oben als
auch auf gleicher Ebene betrieben wird. Eine besonders gemeine Art der
Verweigerung: Der Kollegin, die gerade besonders im Streß ist, wird
Unterstützung zugesagt, vielleicht sogar angeboten – kurz vor dem
entscheidenden Termin kommt der Rückzieher: „Leider schaffe ich es
nun doch nicht! Ich hoffe, Sie sind mir nicht böse." Für das Opfer
bedeutet das meist doppelten Streß, da es sich auf das Versprechen des
Kollegen verlassen und anders geplant hat.

☐ *Geistiger Diebstahl.* Gute Ideen, neue Vorschläge, die das Opfer
geäußert hat, werden dem Chef vorgetragen und als kreative Eigenlei-
stung hingestellt. Der Betroffene erfährt davon häufig gar nichts oder
wundert sich nur, warum er keinerlei Anerkennung von oben bekommt.

■ Die Folgen

Wird die eigene Arbeit sabotiert und behindert, bedeutet das für den Betroffenen nicht nur unnötige Mehrarbeit. Meist verfehlt der Täter sein Ziel nicht – das Opfer zieht sich zwangsläufig den Zorn des Chefs, unter Umständen auch den der Kollegen, zu. Denn nach außen scheint die Sache eindeutig: Der Betroffene ist unzuverlässig, schlampt, verliert wichtige Unterlagen, vergißt entscheidende Termine, macht ständig Fehler – und versucht sich darüber hinaus noch herauszureden: Ich bin nicht schuld! Sehr schnell gerät das Opfer in die Defensive, vor allem dann, wenn auf dem eigentlichen Drahtzieher nicht einmal der Hauch eines Verdachts ruht. Die Glaubwürdigkeit des Betroffenen – und damit auch seine Persönlichkeit – wird bald von allen Seiten in Frage gestellt. Manchmal beginnen die Opfer sogar selbst an sich zu zweifeln und geraten tief verunsichert in Depressionen.

Doch auch wenn die Angriffe direkter ausfallen – wie beispielsweise in Renates Fall – , ist die Belastung für das Opfer auf Dauer kaum zu ertragen. Zur zusätzlichen Arbeit kommt der psychische Streß: Nicht akzeptiert zu werden, nicht unterstützt zu werden, ständig gegen Barrieren zu stoßen macht auf Dauer krank.

■ Wie sich Betroffene wehren können

Bei dieser Form des Mobbings ist es unter Umständen sehr schwierig, sofort zu reagieren, vor allem, wenn die Angriffe verdeckt ablaufen.

☐ *Wer ist mein Gegenspieler?* Diese Frage muß geklärt sein, bevor man in die Offensive geht. Wenn tatsächlich nur eine Kollegin für die Sabotageakte in Frage kommt, können weitere Schritte ins Auge gefaßt werden. Kommen allerdings mehrere Personen in Betracht, können verfrühte Mutmaßungen schwer ins Auge gehen und als böswillige Verleumdung ausgelegt werden. Eine Möglichkeit: Vor den potentiellen Übeltätern beiläufig das Thema antippen – mit dem Tenor: „Ich kann mir zwar nicht vorstellen, wer so etwas in unserer Abteilung machen würde. Aber vielleicht hat sich irgend jemand über mich geärgert. Doch wenn es ein Problem gibt, von dem ich nichts weiß, kann man doch darüber reden." Unter Umständen gibt dieses indirekte Versöhnungsangebot dem Drahtzieher soweit zu denken, daß er von seinem Tun abläßt und den eigentlichen Konflikt einige Zeit später anspricht.

☐ *Vorsichtsmaßnahmen ergreifen.* Das ist – in begrenztem Rahmen – **60**
sinnvoll. Wenn es die Möglichkeit gibt, den Schreibtisch abzusperren, die **61**
wichtigsten Unterlagen unter Verschluß zu halten, sollte dies natürlich
auch geschehen. Weniger ratsam: auch nach Feierabend Kontrollbesuche
zu machen – das kostet meist nur unnötig Energie und Nerven.

☐ *Sabotage-Aktionen festhalten.* Es mag lächerlich klingen, über Mobbing-Schikanen auch noch genau Buch zu führen, aber es kann früher
oder später bei einer offenen Auseinandersetzung sehr wichtig werden.
Dazu gehört auch: Alles, was auch nur im entferntesten als Beweismate-
rial in Frage kommt, sammeln – vom gefälschten Brief bis hin zur Kopie
einer veränderten Akte. Auch bei einem Gespräch mit dem Chef oder
Kollegen können solche Belege die eigene Glaubwürdigkeit unterstrei-
chen. Ein hoffnungsloser Chaot macht sich selten die Mühe, über seine
„Verfehlungen" auch noch Buch zu führen. Ein möglicher positiver
Nebeneffekt: Dem Drahtzieher wird es ungemütlich, wenn seine Schand-
taten auch noch dokumentiert werden.

☐ *Um Mithilfe bitten.* Ist man sich sicher, wer hinter den Aktionen
steckt, sollte man eine Kollegin einweihen – und zwar eine, der man
einerseits selbst vertraut und die gleichzeitig ein hohes Ansehen in der
Abteilung genießt. Wenig sinnvoll ist es, nach dem Motto „Ich glaube,
die Frau K. hat es auf mich abgesehen" bei jemandem mit seinem Verdacht
herauszuplatzen. Wesentlich besser ist ein faires, sachliches und sehr
vorsichtiges Ansprechen des Problems: „Ich weiß, daß ich jetzt eine
schwerwiegende Beschuldigung vorbringe, und ich bitte auch, daß dieses
Gespräch völlig unter uns bleibt, aber leider deutet alles darauf hin,
daß …" Das gilt natürlich ebenso, wenn man den Chef oder den Betriebsrat für den geeigneten Ansprechpartner hält. Diese eingeweihte Person
ist nicht nur für die psychische Rückendeckung wichtig, sie sollte später
auch als Zeuge fungieren können. Dazu genügt es, wenn sie beispielsweise am Feierabend noch einen Blick auf den Schreibtisch des Betroffenen
wirft und mit ihm zusammen dann das Haus verläßt. Verschwinden
weiterhin Akten oder Briefe, steht man nicht mehr auf verlorenem Posten
und kann ganz anders reagieren.

☐ *In die Offensive gehen.* In dem Augenblick, in dem die eigenen
Feststellungen durch eine zweite Person untermauert werden können,
kann der Mobbing-Prozeß durchbrochen werden. Ob man den Verant-

wortlichen selbst zur Rechenschaft zieht und ihm die Chance gibt, die Sache zu bereinigen, oder ob man dem Chef die Vorfälle schildert, muß jeder selbst entscheiden. Ist der Drahtzieher nicht mit Sicherheit zu bestimmen, empfiehlt sich ein Gespräch innerhalb des Teams, in dem die Geschehnisse offen dargelegt werden und jeder um Mithilfe gebeten wird.

Wird der Sabotageterror – wie im Fallbeispiel – relativ offen betrieben, ist die Situation für den Betroffenen meist nicht weniger kompliziert. Er kann an das Verständnis der anderen appellieren oder sich an höherer Stelle über die Mobber beschweren und Konsequenzen fordern. Besser ist es natürlich, die Weichen so früh wie möglich in eine positive Richtung zu stellen. Das hätte in diesem Fall nur der Chef machen können, indem er einerseits Renate auf die unterschiedlichen Kompetenzen und die schwierige Situation vorbereitet hätte. Andererseits hätte er seinen Mitarbeitern unmißverständlich klarmachen müssen, daß die neue Geschäftsführerin seine volle Unterstützung habe und sämtliche Aktionen gegen sie Konsequenzen für den einzelnen nach sich ziehen würden. Ohne eine solche Rückendeckung hat ein Mobbing-Opfer häufig keine Chance.

■ Wie Außenstehende helfen können

Würden Sie einer Kollegin glauben, wenn sie beispielsweise behauptet, von ihrem Schreibtisch würden regelmäßig Unterlagen verschwinden? Zugegeben, das fällt nicht leicht, und schließlich sollte man einen anderen keineswegs leichtfertig solcher Gemeinheiten beschuldigen. Dennoch braucht der Hilfesuchende Unterstützung, und dazu gehört zunächst, ihm Glauben zu schenken und selbst so lange ein wachsames Auge zu haben, bis man sich ein sicheres Urteil bilden konnte. Stellen sich die Anschuldigungen als richtig heraus, sollte man sich auch nicht scheuen, gemeinsam mit dem Opfer in die Offensive zu gehen.

Bemerkt man selbst, daß die Arbeit eines Kollegen oder Vorgesetzten von anderen behindert wird, ist es in der Regel am sinnvollsten, den Konflikt offen anzusprechen und an die Fairneß der anderen Kollegen zu appellieren – aus Solidarität und schließlich auch aus einem gewissen Eigennutz. Denn zum Mobbing-Opfer kann jeder werden.

Leistungen und Fähigkeiten werden abqualifiziert

Tanja Z., 31, Sozialpädagogin Tanja ist seit vier Jahren in einem Heim für geistig und körperlich behinderte sowie verhaltensgestörte Kinder und Jugendliche angestellt. In den letzten beiden Jahren hatte sie sechs- bis zehnjährige schwer erziehbare Mädchen und Jungen betreut, die zum Großteil aus zerrütteten Familien stammten und beispielsweise erhebliche Störungen im Sozialverhalten aufwiesen. Als der Leiter der Gruppe kündigte, war Tanja alles andere als begeistert – die beiden hatten in ihren erzieherischen Vorstellungen nahezu übereingestimmt und glänzend zusammengearbeitet. Der Heimleiter Herr K., der seit jeher große Stücke auf seine engagierte Mitarbeiterin hielt, hätte Tanja nun gerne die Leitung der Gruppe übergeben. Sie mußte das Angebot schweren Herzens ausschlagen, da sie selbst eine kleine Tochter hat und nur 25 Stunden in der Woche arbeiten konnte – zuwenig für eine Führungsposition. Wolfgang S., 42, der bislang eine Außenwohngruppe von geistig Behinderten geleitet hatte, bekam die Stelle. Er war zwar ebenfalls Sozialpädagoge – ansonsten arbeiteten im Team nur Erzieher –, seine pädagogischen Vorstellungen und Ansätze unterschieden sich allerdings zum Teil stark von Tanjas. Sein Leitmotiv verkündete er bereits in der ersten Teamsitzung: „Die Kinder brauchen vor allem feste Regeln und Grenzen, an denen sie sich orientieren können." Natürlich teilte Tanja diese Ansicht im Prinzip – doch gleichzeitig war sie der Überzeugung, daß ein zu unflexibles Regelsystem und allzu hartes Durchgreifen den Kindern schaden würden. Schließlich müßten gleichzeitig emotionale Defizite ausgeglichen und auf die jeweilige Persönlichkeit des Kindes eingegangen werden.

Die ersten Probleme entzündeten sich an Kleinigkeiten: Sobald die Kinder in irgendeiner Weise gegen die festen Regeln in der Gruppe verstießen, ließ der neue Gruppenleiter sofort rigoros Konsequenzen folgen. Vergaß beispielsweise der siebenjährige Rudi, nach dem Fußballspielen seine Schuhe zu putzen, unterstellte er ihm Absicht und strafte ihn mit Hausarrest. Hatte die neunjährige Sibylle ihren Teller nach dem Essen nicht weggeräumt, brummte er ihr für drei Tage Abspüldienst auf. Er setzte sehr strenge Maßstäbe, die die Kinder auch nicht gewohnt waren. Als ihn Tanja in einer der wöchentlichen Teamsitzungen bat,

etwas nachsichtiger zu sein und die Vorgeschichte der Kinder mehr in Betracht zu ziehen, schüttelte er den Kopf. Er wisse schon, was er tue. Die Erzieher waren größtenteils auf seiner Seite. Weniger aus Überzeugung, sondern vielmehr um der Sozialpädagogin eins auszuwischen – die Ursache dafür kannte Tanja: Aufgrund ihrer höheren Qualifikation erhielt sie mehr Gehalt als die anderen. Außerdem genoß sie ein höheres Ansehen bei der Heimleitung und wurde häufiger nach ihrer Meinung gefragt.

Wolfgang S. begann bereits nach wenigen Wochen, Tanjas Fähigkeiten in Frage zu stellen. Ganz verdeckt am Anfang, in Form scheinbar harmloser, erstaunter Fragen, aber immer im Beisein anderer Mitarbeiter. Was denn – Sibylle ist nun schon zehn Monate in der Gruppe und schläft noch immer nicht ohne Licht ein? Und warum darf Torsten zwischen seinen Hausaufgaben immer wieder Pause machen, wo ihm doch etwas mehr Disziplin sicher nicht schaden könnte? Wenn ihn Tanja unter vier Augen darauf hinwies, mit dieser oder jener Methode bisher gute Erfolge erzielt zu haben, schien er zuzustimmen – um dann um so vehementer nach anderen Schwachstellen zu suchen oder neue Regeln aufzustellen, sobald Tanja Feierabend hatte. „Am nächsten Morgen hieß es dann nur noch: In Zukunft machen wir dies oder jenes anders", erinnert sich die Sozialpädagogin. Wenn sie das Heim verließ, dachte sie immer häufiger: Was wird er jetzt wieder aushecken? Womit will er mir nun wieder eins auswischen? Die Situation belastete sie immer stärker, zumal sie auch merkte, daß die Kinder unter den „neuen Verhältnissen" litten und sich bei ihr ausheulten. „Nur waren mir die Hände gebunden – auch wenn ich länger blieb, konnte ich nie so lange anwesend sein wie Wolfgang, und außerdem hatte er letztlich das Sagen." Einen Vorteil, den der Gruppenleiter zu nutzen wußte: Kam Tanja eine Viertelstunde zu spät, weil sie ihre Tochter noch in den Kindergarten bringen mußte, wies er sie vor allen zurecht – daß sie häufig ein, zwei Stunden unbezahlte Überstunden machte, erwähnte er mit keinem Wort. Hatte Tanja einen Termin mit den Eltern eines Kindes verabredet, verlegte er ihn hinter ihrem Rücken und bat eine Erzieherin, das Gespräch zu übernehmen. Seine Begründung: Die Erzieher könnten sich in die Belange eines Kindes besser einfühlen. Kein Tag verging, an dem er Tanja nicht auf einen kleinen Fehler hinwies, keine Woche, in der er ihre Entscheidungen nicht in Frage stellte oder gar über den Haufen warf. „Das Schlimmste war – er redete mit mir nie unter vier Augen, sondern stellte mich vor Erziehern und Kindern bloß." Ein Vorfall von vielen: Für einen Samstagnachmittag war ein Besuch im Tierpark geplant. Die Kinder hatten sich schon seit

Wochen darauf gefreut. Alle waren auch damit einverstanden, die Hälfte des **64** Eintritts vom Taschengeld zu bezahlen – auch der sechsjährige Markus. Doch als **65** die Gruppe an der Kasse stand, stellte sich heraus, daß Markus sein Geld vergessen hatte. Erschrocken wandte er sich an Tanja, die ihn gleich beruhigte: „Ich leihe dir das Geld." Doch Wolfgang hatte das Gespräch gehört und setzte eine bedauernde Miene auf: „Tut mir leid für dich, Markus, aber das geht leider nicht. Vergeßlichkeit kann nicht auch noch belohnt werden. Du mußt draußen im Bus auf uns warten." Der Kleine sah hoffnungsvoll zu Tanja, die wiederum starrte fassungslos zu Wolfgang. Der setzte noch einen drauf: „Das hat Markus ganz allein dir und deinem unausgegorenen Erziehungsstil zu verdanken." Nach acht Monaten hielt Tanja die Sonderbehandlung nicht mehr aus. Die Kinder waren verwirrt, einige der Erzieher zuckten nur noch mit den Schultern, sobald Tanja einen Vorschlag machte, längst litt sie unter Schlafstörungen, ständiger Übelkeit und einem schmerzhaften Ekzem, das mit Cortison bekämpft werden mußte. Der Heimleiter, dem sie bereits zweimal von der unerträglichen Situation berichtet hatte, war zwar jedesmal besorgt gewesen, doch hatte er sie immer gebeten abzuwarten. Als sie ihm nun ihren Entschluß zu kündigen mitteilte, fiel er aus allen Wolken. Daß es derart belastend für sie sei, hätte er doch nicht geahnt! Er rief Wolfgang S. zu sich, der nach einem einstündigen Gespräch auch Besserung gelobte. „Seitdem attackiert er mich zwar nicht mehr vor den anderen", meint Tanja, „von einem guten Verhältnis zueinander sind wir aber Lichtjahre entfernt. Es ist zuviel vorgefallen." Klammheimlich ist sie nun doch auf der Suche nach einem anderen Job, fest entschlossen, beruflich und persönlich noch einmal neu zu beginnen.

Arbeit gehört zum Lebensinhalt. Für die meisten bedeutet der Beruf weit mehr als ein notwendiges Übel, um Miete, Essen und Hobbys zu finanzieren. Wer arbeitslos ist, leidet in der Regel nicht nur unter den finanziellen Konsequenzen, sondern auch unter dem Gefühl, nicht gebraucht zu werden, überflüssig zu sein, gesellschaftlich im Abseits zu stehen. Viele Menschen schöpfen einen beträchtlichen Teil ihres Selbstbewußtseins und -verständnisses aus ihrer beruflichen Existenz. Die Anerkennung, die wir im Beruf erhalten, läßt sich im privaten Bereich kaum wettmachen. Wird uns diese wichtige Form der Bestätigung vorenthalten, bedeutet das einen gravierenden Einschnitt in das persönliche Wohlbefinden, der häufig auch für unser Privatleben Folgen hat.

Dabei sind es nicht nur Vorgesetzte und Chefs, die in der Lage sind, die Leistungen eines Untergebenen zu ignorieren oder gar in Abrede zu stellen. Ebenso verletzend können Kollegen sein, die durch Kommentare und ihr Verhalten deutlich machen, daß sie von den beruflichen Fähigkeiten eines anderen nichts halten. Um Mißverständnissen vorzubeugen: Natürlich haben berechtigte Kritik oder vereinzelte Sticheleien nichts mit Mobbing zu tun. Der Psychoterror setzt dann ein, wenn die Angriffe immer und immer wieder ablaufen.

■ Häufige Strategien

☐ *Aus der Mücke wird ein Elefant.* Ein Kollege kommt zu spät? Die Sekretärin hat vergessen, einen Termin weiterzugeben? Vorfälle, die normalerweise schnell vergessen sind, werden dramatisiert und so lange ausgewälzt, bis jeder davon erfahren hat. Aus der sprichwörtlichen Mücke wird ein Elefant, der auf dem Selbstbewußtsein des Betroffenen herumtrampeln soll.

☐ *Ständig Kritik und Tadel.* Lob nur im Ausnahmefall? Leider gilt dieses Prinzip in manchen Betrieben als normal – beim Mobbing wird es auf die Spitze getrieben. Auch bei einer Glanzleistung findet sich in der Regel noch ein kleiner Haken – der Betroffene hat keine Chance, soviel er sich auch anstrengt.

☐ *Bloßstellen.* Scheinbar ganz nebenbei fragt die Kollegin vor den anderen: „Was hast du eigentlich die letzten Wochen gemacht? Hattest du Urlaub – man merkt gar nicht, daß du da bist …" Der Betroffene gerät in einen Rechtfertigungszwang, beginnt zu stottern – auch wenn er die letzten Wochen hart gearbeitet hat.

☐ *Entscheidungen werden in Frage gestellt.* „Ich will mich ja nicht einmischen", heißt es dann beispielsweise, „aber ob es klug war, den einen Auftrag zuerst zu erledigen …" In der Regel erreicht der Mobber mit solch scheinbar gutgemeinten Kommentaren sein Ziel. Der Betroffene wird unsicher, nervös – und macht schneller Fehler.

☐ *Die Motivation wird gebremst.* Warnungen nach dem Motto „Alle Achtung, was Sie sich vorgenommen haben – aber ich kann mir nicht vorstellen, daß das gutgeht" stellen hierbei noch die harmlosere Variante dar. Direkter und extrem verunsichernd: „Das schaffen Sie doch sowieso nicht!"

☐ *Kompetenzen werden beschnitten.* Reine Chefsache? Nicht nur. So- **66**
lange der Vorgesetzte es zuläßt, können auch einzelne Kollegen oder ein **67**
Team dem Betroffenen niedrigere Arbeiten zuweisen – mit dem Hinweis:
„Wir dachten, Sie fühlen sich vielleicht überfordert ..."
☐ *Die berufliche Qualifikation wird angezweifelt.* Das Opfer möchte
eine Aufgabe übernehmen – doch seine Gegenspieler weisen sofort auf
Defizite hin. Seine Ausbildung, Berufserfahrung oder auch ein Charak-
terzug („Bei seinem Temperament verliert er sicher sofort die Distanz!")
wird dabei zur Sprache gebracht.

■ Die Folgen

Wird ein Mensch ständig kritisiert, seine Leistungen abqualifiziert, wirkt
sich das natürlich unweigerlich auf sein berufliches Selbstbewußtsein aus.
Kein Mensch ist in der Lage, seine Leistungen objektiv zu beurteilen – er
ist auf Lob, Anerkennung und Ermutigung von außen angewiesen. Ha-
gelt es nur noch negative Feedbacks, wird jeder unsicher und beginnt
früher oder später an seinen Leistungen, Fähigkeiten und letztlich an sich
selbst zu zweifeln. Zwangsläufig verkrampft man sich innerlich. Es passieren Fehler, die unter normalen Umständen einfach vermieden worden
wären. Der Beginn eines Teufelskreises. Systematisch kann ein Opfer in
eine Versagerrolle gedrängt werden – mit allen damit verbundenen Konsequenzen. Man fühlt sich unnütz, unfähig, verliert das Zutrauen zu sich
selbst, die anfänglichen Selbstzweifel können sich rasch zu tiefgreifenden
Depressionen auswachsen. Das Gefühl, ein Versager zu sein, läßt sich
dann langfristig am Feierabend nicht einfach abschütteln – es nimmt nur
allzu häufig auch Einfluß aufs Privatleben. Die berufliche Identität ist
gefährdet und damit unter Umständen die gesamte Persönlichkeit.

■ Wie sich Betroffene wehren können

Solange man versucht, die Kritik auszuhalten und noch besser, noch
perfekter zu funktionieren – so zeigen die Erfahrungen vieler Betroffener –,
dreht man sich im Kreis. Wer will, findet immer etwas an einem anderen
auszusetzen. Deshalb lohnt sich der Versuch, die Flucht nach vorne zu
ergreifen.
☐ *Selbstbewußte Offenheit demonstrieren.* Wenn Sie einen Fehler gemacht haben – geben Sie ihn offen zu, aber machen sie auch deutlich, daß

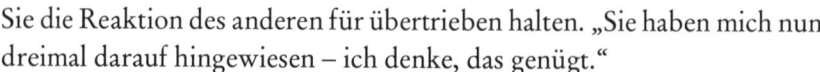

Sie die Reaktion des anderen für übertrieben halten. „Sie haben mich nun dreimal darauf hingewiesen – ich denke, das genügt."

☐ *An eigene Stärken erinnern.* Stehen Sie zu Ihren Schwächen, aber zeigen Sie in jedem Fall, daß Sie sich auch Ihrer Stärken bewußt sind. Wer die eigenen Fehler zugeben kann, läuft auch nicht Gefahr, als Angeber zu gelten, wenn er auf seine Pluspunkte hinweist.

☐ *Gegnerische Schwächen nutzen.* Auch Ihre Gegenspieler sind nicht perfekt. Machen Sie sich das bewußt, und sagen Sie es auch dem jeweiligen Kollegen. Ratsam ist es, das vorerst mit einem Augenzwinkern zu tun. Haben Sie den Kollegen beispielsweise bei einem Fehler ertappt, demonstrieren Sie Kulanz („Sowas kann jedem mal passieren. Das muß man nicht an die große Glocke hängen, oder …?"). Erst wenn der Gegenspieler weiterhin Sticheleien über Ihre Fähigkeiten losläßt, reden Sie Klartext. Teilen Sie ihm mit, daß Sie sich schließlich auch fair verhalten und das gleiche von ihm erwarten.

Entscheidend ist natürlich immer auch, warum der Mobber die Fähigkeiten eines anderen so deutlich abqualifizieren möchte. Steckt Rivalität oder Neid dahinter, kann man den Angreifer meist schnell aus dem Konzept bringen – durch folgenden Kommentar beispielsweise: „Mir fällt auf, daß Sie ständig an mir herumkritisieren – ich scheine Ihnen ziemlich wichtig zu sein. Oder wollen Sie nur von Ihren eigenen Schwächen ablenken?"

Schwieriger wird es natürlich, wenn unterschiedliche Auffassungen den Konflikt hervorrufen, wie zum Beispiel in Tanjas Fall. Im Prinzip bleiben dann nur zwei Möglichkeiten: Entweder gelingt es beiden Parteien, sich auf einen Kompromiß zu einigen – dazu gehört natürlich auch, die Sichtweise des anderen zumindest zu respektieren. Verhindert das der Mobber, kann die Entscheidung nur von oben herbeigeführt werden, indem der Vorgesetzte beispielsweise einen Kompromiß mit verbindlichen Leitlinien vorschlägt, nach denen die Arbeit fortan gemacht werden soll. Natürlich kann es auch sein, daß sich der Chef der Auffassung einer Partei anschließt – die andere muß sich unterordnen. Leider versäumen es viele Vorgesetzte, auf diese Weise für klare Verhältnisse zu sorgen und den Psychoterror im Keim zu ersticken. Sie fühlen sich nicht zuständig oder schieben das Problem immer wieder auf, bis der Mobbing-Prozeß

zu weit fortgeschritten ist und das Opfer bereits in die Defensive geraten **68**
ist. Auch wenn der Angegriffene über unbezweifelbare Fähigkeiten ver- **69**
fügt und auch bessere Argumente für seinen Arbeitsstil hat, bleibt er fast
immer auf der Strecke, wenn er sich in der schlechteren Ausgangsposition
befindet.

■ Wie Außenstehende helfen können

Wer selbst nicht in der Rolle des Opfers steckt, hat in der Regel die nötige
Distanz, um dessen Fähigkeiten und Leistungen relativ objektiv beurteilen zu können. Sobald man den Eindruck gewinnt, daß (angebliche)
Fehler eines Betroffenen über Gebühr ausgewalzt werden, daß an seinen
beruflichen Leistungen kein gutes Haar mehr gelassen wird, sollte man
dies vor dem Drahtzieher deutlich machen – und die verschobenen
Beurteilungskriterien wieder zurechtrücken. Dazu ist eine klare Stellung-
nahme unerläßlich, zum Beispiel: „Ich finde es reichlich überzogen,
immer nur auf denselben Fehlern herumzuhacken, immer nur die
Schwachstellen der Kollegin herauszustellen." Gleichzeitig sollte man
bewußt die Fähigkeiten und Pluspunkte des Opfers ins Spiel bringen.
Dadurch stärkt man nicht nur das Selbstbewußtsein des Betroffenen, man
nimmt dem Angreifer auch den Wind aus den Segeln.

Verspottet und bloßgestellt

Die Verletzung von Privatsphäre und Persönlichkeit

Monika M., 35, Verkäuferin Seit der Scheidung vor drei Jahren lebt Monika mit den beiden Töchtern, Maja (7) und Marietta (9) allein. Ihr Alltag ist ziemlich anstrengend. Morgens bringt sie die Kinder zur Schule, hastet danach sofort hinter die Frischfleischtheke eines großen Supermarktes. Dort herrscht fast ständig Hektik, und das auf sehr engem Raum. Die Kunden wollen schnell bedient werden. Fünf Verkäufer würden eigentlich benötigt, in Stoßzeiten sogar sieben oder acht. Doch in der Regel sind Monika und ihre Kollegen nur zu viert, fällt ein Mitarbeiter kurzfristig aus, ist der Kundenansturm kaum mehr zu bewältigen. Spannungen lassen sich zwangsläufig nicht vermeiden. Monika geriet dabei immer häufiger in die Schußlinie.

Kam sie einmal morgens zehn Minuten später, weil sie auf dem Weg von der Schule im Stau steckengeblieben war, wurde sie angegiftet: „Während wir hier rackern, machst du deinen Schönheitsschlaf. Dabei bringt der bei dir sowieso nichts mehr." Mußte Monika einen Tag zu Hause bleiben, weil eines der Kinder krank war, hieß es am nächsten Morgen: „Kein Wunder, daß die Kinder krank werden – bei der Mutter!" An einem Samstag – der hektischste Tag der Woche – holte ihr geschiedener Mann die beiden Töchter eine halbe Stunde später als verabredet ab. Monika konnte sich abhetzen, wie sie wollte – als sie völlig außer Atem ankam, standen bereits mindestens zehn ungeduldige Kunden in der Warteschlange. Die Kollegen zischten ihr den ganzen langen Vormittag Gemeinheiten zu. „Weißt du, warum dein Mann davongelaufen ist? Schau doch mal in den Spiegel …" – „Warum bist du eigentlich immer so rot im Gesicht – schämst dich wohl wegen deiner furchtbaren Frisur!" Monika versuchte die Sticheleien zu ignorieren. Doch die Kollegen brauchten inzwischen schon keinen konkreten Anlaß mehr, um ihre Beleidigungen loszulassen. Regelmäßig und aus heiterem Himmel pöbelten sie. Wenn Monika, verletzt und wütend, forderte, sie endlich in Ruhe zu lassen, äfften sie sie mit einer übertrieben schrillen Stimme nach. Um die Fassung nicht zu verlieren und vor den anderen nicht in Tränen auszubrechen, flüchtete sich die Angegriffene immer häufiger auf die Toilette – mit der Folge, daß sie danach noch mehr beschimpft wurde.

Die Kollegen schreckten auch nicht davor zurück – vermutlich auf der Suche **70**
nach neuen Angriffspunkten –, Monikas Fach zu durchwühlen. In ihrer Handta- **71**
sche fanden sie eine Heiratsannonce, die sie vor wenigen Wochen aufgegeben
hatte. „Mit zwei Kindern hat man nunmal kaum Gelegenheit, auf normalem
Wege einen Mann kennenzulernen. Als die anderen davon Wind bekommen
haben, hatte ich keine Stunde mehr meine Ruhe." Bei jedem zweiten Kunden
kassierte sie zweideutige Bemerkungen: „Den darfst du bedienen – der steht
offensichtlich auf Speck" oder „Wie wär's mit dem Typen mit der Glatze? Der
hat nichts auf dem Kopf, du hast nichts drin – das wäre doch mal ein Traumpaar!"
Zwischen den Mitarbeitern entbrannte beinahe eine Art Wettstreit: Wer hat die
boshaftesten Sprüche auf Lager? Wer findet die besten Gemeinheiten? Wer
bringt Monika am schnellsten zum Heulen? Monikas Körper rebellierte, vor allem
die Lunge machte ihr zu schaffen, sie konnte kaum mehr frei durchatmen, litt
häufig unter Atemnot. Sie mußte sich krankschreiben lassen. Doch nicht einmal
zu Hause ließ man sie in Frieden. Spätabends klingelte oft noch das Telefon.
Wenn sie abhob, hörte sie entweder nur noch, wie aufgehängt wurde, oder
boshaftes Gelächter. Monika wagte dennoch nicht, sich zu beschweren – aus
Scham und aus Angst, den Arbeitsplatz zu verlieren. „Das hätte ich mir einfach
nicht leisten können." Darüber hinaus kämpfte sie ständig mit einem schlechten
Gewissen wegen ihrer Kinder, für die sie kaum Zeit und schon gar nicht die
Nerven hatte. Sie schleppte sich nur noch mühsam zur Arbeit, ließ die ständigen
Attacken wehrlos über sich ergehen, in der verzweifelten Hoffnung, daß der
Alptraum eines Tages zu Ende gehen würde.
Fast ein Jahr verging, bis die Leiterin der Personalstelle Monika zu sich rief.
Gesprächsthema: die häufigen Fehlzeiten. „Wird es Ihnen zuviel, zwei Kinder zu
versorgen und ganztags zu arbeiten?" Eigentlich wollte Monika nur den Kopf
schütteln, aber sie brach in Tränen aus und erzählte bruchstückhaft von der
Tortur, unter der sie ständig zu leiden hätte. Die Personalchefin sah sie etwas
ungläubig an, meinte, ob Monika vielleicht zu empfindlich sei – sicher wären die
„kleinen Sticheleien" nicht persönlich gemeint. Einen Job ohne Reibereien? Da
könne sie lange suchen. Aber sie würde darüber nachdenken, vielleicht fände
sich eine andere Verwendung für sie. Als Monika das Büro verließ, fühlte sie sich
so gedemütigt und alleingelassen wie nie zuvor.
Zwei Tage später wurden die Atembeschwerden während der Arbeit so stark,
daß sie zum Betriebsarzt gehen mußte. Er diagnostizierte schweres Asthma, riet
ihr zu einer Kur. Bis dahin müsse sie in jedem Fall krankgeschrieben werden. Eine

knappe Woche später bekam sie eine Karte – die Kollegen, die ein Jahr lang keine Gelegenheit ausgelassen hatten, sie zu quälen, wünschten ihr plötzlich gute Besserung. Ob sie selbst bemerkt hatten, was sie mit ihren Schikanen angerichtet hatten, oder ob sie von der Personalleiterin zur Vernunft gebracht worden waren, weiß Monika nicht. Dennoch wagt sie nicht, sich über das vermeintliche Versöhnungsangebot zu freuen: „Ob sie es wirklich ernst meinen oder ob das nur ein Trick ist, werde ich wohl erst erfahren, wenn ich nach der Kur wieder anfange zu arbeiten."

Daß es an einem Arbeitsplatz, an dem es hektisch und eng zugeht, zu Aggressionen kommt, ist nicht weiter verwunderlich. Und daß mal ordentlich Dampf abgelassen wird, ist auch noch zu verstehen. Doch es ist immer wieder erschreckend, welch einschneidende Konsequenzen ein solch ungelöster Konflikt für ein eigentlich zufälliges Opfer nach sich zieht, mit wie vielen Gemeinheiten der auserwählte Sündenbock überhäuft wird. Eine Angriffsfläche findet sich in jedem Fall. Und häufig sind es eben Privatleben und Intimsphäre des Betroffenen, die hemmungslos und ohne Rücksicht zum Gespött der anderen gemacht werden. Die Persönlichkeit des Opfers wird an den Pranger gestellt, angekratzt und unter Umständen sogar zerstört. Dabei schrecken die Widersacher häufig nach einer gewissen Zeit, in der nach und nach alle Hemmungen fallen gelassen werden, vor nichts mehr zurück.

■ Häufige Strategien

☐ *Aussehen und Outfit werden unter Beschuß genommen.* Vom Scheitel bis zur Sohle bleibt dabei oft nichts ungeschoren. Frisur, Figur, Kleidung, einfach alles wird zur Zielscheibe beleidigender Kommentare.

☐ *Das Opfer wird imitiert.* Gang oder Stimme werden nachgemacht, Gesten oder auch der Dialekt nachgeäfft – um andere zu belustigen und das Opfer zu demütigen.

☐ *Die Täter machen sich über Behinderungen lustig.* Ein besonders erschreckendes Zeichen für seelische Gefühllosigkeit: Behinderte sind überdurchschnittlich oft Mobbing-Opfer. Dabei gehen die Täter auch so weit, daß sie eine Sprachbehinderung oder ein körperliches Leiden des Betroffenen imitieren, dem behinderten Kollegen erniedrigende Arbeiten zuweisen oder auch über eine schwere Krankheit spotten.

☐ *Stochern in offenen Wunden.* Eine Frau wurde verlassen – man zieht **72**
sie ständig damit auf, den Mann vergrault zu haben. Das Kind eines **73**
Kollegen hat gravierende Probleme oder leidet an einer schlimmen
Krankheit – der Betroffene wird ständig daran erinnert, man quält ihn
mit makabren Kommentaren.

☐ *Überzeugungen werden kritisiert.* Die Widersacher machen sich über
den religiösen oder auch politischen Standpunkt ihres Opfers lustig oder
beschimpfen ihn dauernd deswegen.

☐ *Das Privatleben wird ständig durchgekaut.* Die Partnerschaft, die
Familie, die persönlichen Vorlieben oder privaten Interessen eines Betroffenen werden von Kolleginnen und Kollegen offen diskutiert, kritisiert oder lächerlich gemacht.

☐ *Persönliche Gegenstände werden beschädigt oder entwendet.* Man
vergreift sich am Eigentum des Opfers – aus dem Fahrradreifen wird die
Luft herausgelassen, die Pflanze auf dem Schreibtisch verschwindet, das
persönliche Notizbuch wird durchforstet, die Kaffeetasse geht zu Bruch,
Tintenkleckse auf der Aktentasche.

☐ *Vertrauliches wird publik gemacht.* Sei es, daß das Opfer einer Kollegin etwas anvertraut hat, sei es, daß die Widersacher zufällig davon
erfahren haben – eine Privatangelegenheit wird ausgewalzt, an die große
Glocke gehängt, das Opfer wird damit immer wieder aufgezogen, vor
allem, wenn ihm die Sache erkennbar peinlich ist.

☐ *Telefonterror.* Das Opfer wird auch nach Feierabend fertiggemacht.
Es erhält mitten in der Nacht anoyme Anrufe, niemand meldet sich, oder
es wird beschimpft.

☐ *Die Familie das Opfers wird mit hineingezogen.* Zum Beispiel wird
die Ehefrau am Telefon belästigt oder erhält anonyme Briefe, in denen ihr
mitgeteilt wird, ihr Mann habe ein Verhältnis mit einer Kollegin aus der
Firma. Die Kinder, die ihre Mutter nach Dienstschluß abholen wollen,
werden scheinheilig bemitleidet, von einer „Rabenmutter" großgezogen
zu werden ...

☐ *Das Opfer wird verdächtigt, psychisch krank zu sein.* Immer wieder
wird über die seelische Verfassung des Opfers laut spekuliert: „Sie leiden
wohl an einem Verfolgungswahn." – „Sie sind doch reif für die Klaps-
mühle!" – „Wann lassen Sie sich endlich einen Termin beim Psychiater
geben?"

■ Die Folgen

Die Auswirkungen von Mobbing verfolgen das Opfer in der Regel auch nach Feierabend. Um so gravierender wird diese Bedrohung, wenn Privatleben und Intimsphäre des Opfers von den Tätern nicht ausgeklammert, sondern sogar in den Mittelpunkt des Psychoterrors gerückt werden. Mit brutalen Schlägen unter die Gürtellinie wird die Persönlichkeit des Betroffenen regelrecht zerrieben: Das Selbstwertgefühl wird verletzt, das soziale Ansehen gemindert oder gar ruiniert, die Ehre und letztlich auch die Menschenwürde des Betroffenen werden mit Füßen getreten. Wird ein Mensch mit seinen Besonderheiten, Eigenheiten und Schwächen immer wieder in Frage gestellt, werden sogar Schicksalsschläge zum Anlaß für Spott und Hohn, entwickelt sich der Arbeitsalltag für das Opfer rasch zur reinen Folter – mit elementaren psychischen und physischen Auswirkungen. Und Anspielungen auf die seelische Verfassung des Betroffenen werden zur sich selbst erfüllenden Prophezeiung: Daß viele anfangs völlig gesunde Menschen nach solchen Torturen unter seelischen Störungen leiden, ist eine der dramatischsten Folgen des Psychoterrors am Arbeitsplatz.

■ Wie sich Betroffene wehren können

Ist es besser, kleine Sticheleien erstmal zu ignorieren – in der Hoffnung, die Widersacher hätten bald keine Lust mehr –, oder sollte man besser sofort reagieren? Eine generelle Antwort läßt sich auf diese Frage sicher nicht geben. Allerdings spricht einiges dafür, daß sich harmlose Gemeinheiten allmählich zu boshaften und irgendwann unerträglichen Frontalangriffen auswachsen, wenn zu lange gute Miene zum bösen Spiel gemacht wird. Der Täter testet anfangs vorsichtig (und sicher häufig unbewußt) ab, wie weit er gehen kann. Läßt sich der Betroffene in dieser entscheidenden Anfangsphase bereits einiges bieten, dreht sich die Spirale weiter – der Angegriffene wird zum wehrlosen Opfer, leider schnell auch für andere. Deshalb ist es ratsam, beim ersten Anzeichen persönlicher Schikanen klare Grenzen zu setzen. Zu diesem frühen Zeitpunkt ist das eigene Selbstbewußtsein meist auch noch stabil genug, um Angriffe wirkungsvoll abzuschmettern.

☐ *Sofort kontern.* Weisen Sie deshalb Beleidigungen sofort zurück, wenn möglich in einem bestimmten, festen Tonfall nach dem Motto: „Mein

Privatleben geht Sie nichts an. Halten Sie sich bitte in Zukunft mit solchen **74** Bemerkungen zurück." Dem Angreifer – und auch anderen Kollegen – **75** muß klar sein, daß er mit Ihnen kein leichtes Spiel hat und daß Sie sich solche Angriffe ein für alle Mal verbitten.

☐ *Nachfragen.* Hat sich der Mobber unklar ausgedrückt und es nur mit einer vagen Anspielung probiert, was in der Anfangsphase häufig der Fall ist: Fragen Sie nach, was er gemeint hat. Kommt er ins Stottern und versucht auszuweichen, haben Sie vielleicht bereits gewonnen oder zumindest einen wichtigen Pluspunkt errungen.

☐ *Zurückschlage.* Eine andere Möglichkeit, die allerdings viel Selbstbewußtsein verlangt: Sie drehen den Spieß um und machen sich über die Kommentare des Widersachers lustig: „Ziemlich armselig, daß Sie sich über mein Privatleben aufregen müssen. Läßt das Rückschlüsse auf Ihres zu?" Mit etwas Glück fühlt sich der Mobber tatsächlich blamiert und riskiert keinen zweiten Anlauf. Die Gefahr bei dieser Gegentaktik besteht allerdings darin, daß der Angreifer nun noch mehr gereizt ist und auf Rache sinnt.

☐ *Rückhalt suchen.* Wie in jedem Mobbing-Fall hängt auch bei Verletzungen der Persönlichkeit viel davon ab, wie sich die anderen Kollegen verhalten. Je früher es Ihnen gelingt, eine Lobby für sich zu bilden, um so besser.

☐ *Übergeordnete Instanzen einschalten.* Können Sie sich selbst nicht zur Wehr setzen, weil die Angriffe zu massiv sind, der Mobbing-Prozeß zu weit fortgeschritten ist oder die kränkenden Attacken von allen Seiten kommen: Versuchen Sie sofort, Unterstützung von anderer, höherer Ebene zu erhalten. Vom Chef, der Personalleitung, dem Betriebsrat. Auch wenn es Ihnen schwerfällt, von den schlimmen Angriffen gegen Sie anderen etwas zu erzählen, sollten Sie die Sachlage und die daraus folgenden Konsequenzen so klar und exakt wie möglich schildern. Solange Sie aus freien Stücken das Gespräch suchen, haben Sie noch Chancen. Kommt man auf Sie zu, weil Beschwerden oder Fehlzeiten sich bereits gehäuft haben, befinden Sie sich leider in der Regel in einer schlechten Position: Sie müssen sich rechtfertigen und um Ihre Glaubwürdigkeit kämpfen.

■ Wie Außenstehende helfen können

Häufig werden die ersten Angriffe auf die Persönlichkeit eines Menschen von den Nicht-Betroffenen unterschätzt. Was ist denn auch so schlimm daran, wenn man den Dialekt eines anderen nachmacht? So tragisch ist es doch auch nicht, wenn man auf dem Outfit der Kollegin herumhackt! Und die Anspielungen auf ihre Scheidung sind doch nicht so wörtlich zu nehmen ...! Doch wer solche Angriffe als Kavaliersdelikt abtun möchte, sollte sich in die Lage des Betroffenen versetzen und sich vorstellen, ein wunder Punkt, unter dem man selbst vielleicht leidet, würde von den anderen immer wieder unter Beschuß genommen. Den Schmerz, von Klassenkameraden wegen abstehender Ohren gehänselt zu werden, kann auch nur ein Kind nachvollziehen, das selbst „Segelohren" hat. Wer als Außenstehender sofort eingreift und deutlich macht, daß er solche Kränkungen indiskutabel und verachtenswert findet, mag vielleicht im ersten Moment als Spielverderber gelten. Doch dafür läßt sich zu diesem frühen Zeitpunkt meist auch noch am leichtesten verhindern, daß die Kränkungen eskalieren und zum Psychoterror ausarten. Ist der Mobbing-Prozeß allerdings bereits in vollem Gang, sollte man den oder die Übeltäter mit der Tragweite ihres Verhaltens konfrontieren. Es muß den Mobbern absolut klar werden, daß sie kein unfeines Spielchen treiben, sondern die Persönlichkeit eines Menschen systematisch zerstören. Lassen sie sich auch davon nicht beirren, sollte unverzüglich und mit Nachdruck eine höhere Stelle eingeschaltet werden.

Schädigungen der Gesundheit

Mobbing führt zwangsläufig zu Beeinträchtigungen und Schädigungen der Gesundheit. Denn wenn die Seele angegriffen wird, leidet auch der Körper, reagiert mit psychosomatischen Symptomen und Erkrankungen. Darüber hinaus aber gibt es auch Mobbing-Handlungen, die direkt auf das körperliche Wohlbefinden abzielen. Diese Schikanen sind keine Seltenheit und werden häufig auch angewendet, um andere Gemeinheiten zu verstärken.

Marco S., 33, Maurer Marco S. galt in der großen Baufirma, in der er seit zehn Jahren arbeitete, als fleißig und zuverlässig. Überstunden machten ihm nichts aus, im Gegenteil: Zum einen unterstützte er seine Familie in Süditalien; zum anderen sparte er jeden Pfennig, um irgendwann einmal in seine Heimat zurückkehren zu können und sich dort eine Existenz aufzubauen. Mit seinen Kollegen war er immer gut ausgekommen.
Dann fingen zwei Neue in der Firma an. Klaus und Rüdiger, beide Anfang zwanzig und offensichtlich sehr selbstbewußt. In den Pausen wurden sie bald zu den Alleinunterhaltern, sie hatten eine Menge Geschichten und derbe Witze auf Lager. Marco verging das Lachen allerdings häufig. Viele dieser „Scherze" waren ausländerfeindlich, und er hatte das unbestimmte Gefühl, daß sie auch speziell gegen ihn gerichtet waren. Seine Ahnung trog ihn offensichtlich nicht, denn die beiden ließen auch immer häufiger in seiner Gegenwart eindeutige Sprüche los. Tenor: „Die Ausländer schnappen den Deutschen die Arbeitsplätze weg, bedrohen ihren Wohlstand ..." Vermutlich war ihnen nicht nur Marcos Nationalität ein Dorn im Auge, sondern vor allem sein Fleiß. Während die Kollegen bei diesen dummen Parolen meist nur mit halbem Ohr zuhörten, wurde es Marco allmählich ziemlich mulmig. Er spürte die Aggressionen der beiden deutlich, sie machten keinen Hehl aus ihrer Abneigung gegen Marco und Ausländer im allgemeinen. Seine Befürchtungen wurden bereits nach wenigen Wochen bestätigt. Denn bei den verbalen Attacken blieb es nicht. Und da sie ihm in punkto Arbeit nicht am Zeug flicken konnten, griffen sie zu anderen Methoden des Terrors. Klaus goß scheinbar versehentlich eine volle Tasse heißen Kaffee über Marcos Hände – statt einer Entschuldigung bemerkte er nur, wenn

es Marco hier zu heiß würde, solle er sich eine andere Stelle suchen. Die beiden ließen keine Gelegenheit aus, ihre Absichten zu demonstrieren. Wenn sie sich von den anderen Kollegen unbeobachtet fühlten, bedrohten sie Marco mit einem Messer, fuhren ihm mit der Schubkarre gegen das Bein oder ließen mal einen Ziegel auf seine Füße fallen – immer mit dem Hinweis, das seien nur kleine Denkzettel. Sobald Marco den Mund aufmachen würde, könnte er tatsächlich sein blaues Wunder erleben …

Marcos Angst nahm mit jedem Tag zu. Er nahm die Drohungen ernst und wagte nicht, seine Kollegen zu informieren – wie hätten sie ihn, auch wenn sie dazu bereit gewesen wären, rund um die Uhr beschützen sollen, dachte er. Er versuchte, immer in der Nähe der anderen zu bleiben, doch das gelang nicht immer. Die Drohungen wurden immer deutlicher, die Angriffe massiver. Doch viel schlimmer als die blauen Flecken, die Marco regelmäßig verpaßt bekam, war seine Furcht, die sich im Laufe der Monate zur Panik steigerte. In seinem Spind fand er eine Schnur, geknüpft zu einer Schlinge, auf der Höhe des fünften Stocks eines Rohbaus drängten ihn die beiden so weit an den Rand des Gerüsts, daß er dachte, seine letzte Stunde hätte geschlagen. Doch auch wenn die beiden nicht in seiner Nähe waren, litt er immer öfter an Schweißausbrüchen und rasendem Herzklopfen. Wem sollte er sich anvertrauen? Seine Familie hätte ihm ohnehin nicht helfen können, wieso sollte er sie belasten? Sein Chef und die Kollegen – würden sie ihm überhaupt glauben?

Gelegentlich traf er einen früheren Kollegen, der inzwischen bei einer anderen Firma arbeitete. Dem erzählte er die Geschichte. Seinem Rat, auf jeden Fall Chef und Kollegen zu informieren, wagte Marco nicht zu folgen. Seine Angst vor der Rache der beiden anderen war zu groß. Als ihm sein Bekannter wenige Wochen später eine Stelle bei seiner neuen Firma vermitteln konnte, überlegte Marco keinen Augenblick, obwohl er für diesen Job eine halbe Stunde länger fahren mußte. Seinem früheren Arbeitgeber und auch den Kollegen sagte er kein Wort über seine Kündigungsgründe. Die beiden Übeltäter kamen völlig ungeschoren davon und können ihr grausames Spiel beim nächsten Opfer weitertreiben.

Direkte körperliche Gewalt, wie sie Marco widerfahren ist, läuft wohl eher unter Männern ab und das auch weniger auf höheren Ebenen. Meist werden die Mißhandlungen auch so ausgeführt, daß der Betroffene nicht ernsthaft verletzt wird, sondern mit blauen Flecken und dem Schrecken davonkommt – was weniger auf die Rücksichtnahme der Täter zurückzuführen ist als vielmehr auf deren Angst, mit juristischen Konsequenzen **78** rechnen zu müssen. Die Anwendung unmittelbarer körperlicher Gewalt **79** ist nur eine Form, ein Opfer physisch zu attackieren. Die gezielte Beeinträchtigung von Gesundheit wird auf vielfältige Weise betrieben. Trotzdem ist das Ziel, das in erster Linie verfolgt wird, gar nicht so sehr eine direkte Schädigung des Opfers. Auch diese Mobbing-Methoden verfolgen vor allem eine Einschüchterung und Verunsicherung des Opfers.

■ Häufige Methoden

☐ *Androhung körperlicher Gewalt.* Und das nicht nur durch eindeutige Bemerkungen oder Drohbriefe. Eine ebenso deutliche Sprache sprechen Symbole. Egal ob in der Gegenwart des Opfers ein Messer gezückt wird oder wie in Marcos Fall eine Schlinge auftaucht – der Betroffene versteht solche Anspielungen in der Regel sofort als direkte Bedrohung.

☐ *Körperliche Verletzungen und Mißhandlungen.* Zum Teil sind diese Angriffe unverhüllte Aggression, zum Teil werden sie auch als Scherz oder Versehen getarnt. Paradebeispiele: ein ausgestrecktes Bein, ein fallengelassener Gegenstand, der auf dem Fuß des Opfers landet ...

☐ *Schädliches Verhalten wird ausgeübt.* Obwohl bekannt ist, daß das Opfer unter Asthma leidet, wird in seiner Gegenwart absichtlich viel geraucht oder die Luft wird mit Sprays vergiftet. Die Fenster werden ständig geöffnet, damit der Betroffene friert. In den Kaffee einer Kollegin werden heimlich Medikamente wie Abführmittel oder ähnliches gemischt, um ihr einen „Denkzettel" zu verpassen.

☐ *Das Opfer wird zu gesundheitsschädlichen Arbeiten gezwungen.* Der Betroffene wird ins Lager geschickt, obwohl er unter starken Rückenschmerzen leidet. Die Kollegin wird gezwungen, den ganzen Tag am Computer zu arbeiten, obwohl sie davon Kopfschmerzen bekommt. Der Lehrling muß die schwersten Sachen alleine schleppen, obwohl er der Schwächste von allen ist.

■ Die Folgen

Die direkten Folgen solcher Angriffe wie Schmerzen und körperliche Beschwerden sind in der Regel für den Betroffenen noch leichter zu ertragen als die indirekten Auswirkungen. Ein gravierender Faktor ist hierbei häufig Angst – wie ernst sind beispielsweise die Drohungen

gemeint, werden sich die Angriffe steigern, was muß ich dem Angreifer schlimmstenfalls zutrauen? Neben dieser Verunsicherung, die zu Panikgefühlen und schweren psychosomatischen Symptomen führen kann, leidet der Betroffene natürlich auch bei diesen Mobbing-Methoden unter dem Eindruck, ausgeschlossen und unterdrückt zu werden. Das Selbstbewußtsein nimmt auf Dauer starken Schaden. Die Furcht vor der tatsächlichen Gefahr kann schnell zum beherrschenden Gefühl werden, zu Depressionen und dauerhaften Ängsten führen. Ein zutiefst eingeschüchterter Mensch wird sein Verhalten grundlegend ändern. Er ist ständig auf der Hut, wagt nicht mehr, sich frei zu äußern, wird zum einsamen Eigenbrötler, der immer stärker ins Abseits gerät und gerade dadurch immer häufiger zur Zielscheibe wird.

■ Wie sich Betroffene wehren können

Wer Drohungen oder sogar Mißhandlungen über sich ergehen läßt, wartet meist vergeblich auf die Einsicht seiner Verfolger. Menschen, die zu solchen Repressalien greifen, lassen sich meist nur abschrecken, wenn sie es selbst mit der Angst zu tun bekommen, wenn sie fürchten müssen, vom Chef oder anderen Kollegen zur Rechenschaft gezogen oder mit einer Anzeige bestraft zu werden. Deshalb kann man sich in der Regel vor solchen Übeltätern nur mit Unterstützung anderer schützen. Das Schweigen muß gebrochen werden. Auch wenn Marcos Angst, sich dadurch erst recht den Haß der beiden Kollegen zuzuziehen, verständlich ist – dieses Risiko ist normalerweise weitaus geringer als die Gefahr, von den Tätern immer weiter in die Enge getrieben zu werden und dem Druck allein irgendwann einmal nicht mehr standhalten zu können. Dann bleibt tatsächlich meist nur noch die Flucht, also die Kündigung.

Der sicherste Weg, man kann es gar nicht oft genug sagen: Rückendeckung suchen. Alle Kollegen, am besten auch den Chef, so früh wie möglich informieren und um Schutz bitten. Haben die Drahtzieher sogar selbst Beweise für ihre Einstellung geliefert – zum Beispiel durch Drohbriefe –, muß man sich nicht mehr um einen Zeugen bemühen. Gewalt betrachten zum Glück die wenigsten Menschen als Kavaliersdelikt. In dem Moment, in dem das Opfer die Bedrohungen nicht mehr für sich behält, müssen die Täter bei jedem weiteren Schritt mit Konsequenzen rechnen.

■ Wie Außenstehende helfen können   **80**

Die Voraussetzung, um helfen zu können, ist natürlich erst dann gegeben,   **81**
wenn man von den Vorfällen weiß und das Opfer nicht – wie im oben
geschilderten Fallbeispiel – schweigt. Aber auch wenn sich der Betroffene
nicht deutlich zu seiner Bedrohung äußert, lassen sich meist auch für
Außenstehende deutliche Anzeichen wahrnehmen. Feindselige Sprüche
der Widersacher zum Beispiel können dabei ebenso verräterisch sein wie
das Verhalten des Opfers. Wirkt der Betroffene scheinbar grundlos ein-
geschüchtert, zieht er sich immer stärker zurück, fühlt er sich in der
Anwesenheit bestimmter Personen sichtlich unwohl, so sind das Alarmsignale, auf die man reagieren sollte, indem man sämtliche Beteiligte
genauer beobachtet oder noch besser das Opfer im Vertrauen darauf
anspricht und auch gleichzeitig vertrauenswürdigen Kollegen den Verdacht mitteilt. Häufig brauchen eingeschüchterte Menschen ein deutli-
ches Hilfsangebot, um den Mut zu finden, ihr Schweigen zu brechen.
Und je deutlicher den Übeltätern wird, daß andere ein kritisches Auge
auf sie werfen und gewalttätiges Verhalten keineswegs billigen, um so
eher lassen sie sich in der Regel abschrecken. Solange Außenstehende ihre
Augen verschließen, können die Mobber ihr Handwerk seelenruhig und
ungestört betreiben – unter Umständen sogar mit dem Gefühl, auch im
Sinne anderer zu handeln. Erst wenn die unmittelbare Umgebung Farbe
bekennt und sich schützend vor das Opfer stellt, wird den Angstmachern
selber bange. Meist genügt diese Angst schon, um den Psychoterror zu
stoppen. Ist dies nicht der Fall, muß ihm mit eindeutigen Warnungen
Einhalt geboten werden. Das kann natürlich nicht die Androhung von
Gegengewalt sein, sondern vielmehr betriebsinterne oder auch rechtliche
Konsequenzen.

Zermürbungskrieg ohne Friedensaussichten

Böswillige Verleumdungen, fiese Schikanen, Mißhandlungen an Seele und Körper – um einen unliebsamen Kollegen systematisch fertigzumachen, fahren die Mobber zum Teil schwerste Geschütze auf und bedienen sich haarsträubender Methoden. Zum Teil! Denn längst nicht immer lassen sich die Angriffe als schockierende Attacken, als direkter Psychoterror erkennen. Manche Handlungen, ja sogar manche Mobbing-Verläufe erscheinen so harmlos und lächerlich, daß man sich erstmal fragt, ob man tatsächlich von Psychoterror sprechen kann. Für einen Außenstehenden wirken die einzelnen Vorfälle mehr wie eine Reihe lästiger Lappalien – wie Kinderkram ohne Ende. Doch auch dieser Krieg der Kleinigkeiten kann auf die Dauer krank machen.

Britta B., 54, Arzthelferin Ihre Entscheidung, die Stelle zu wechseln, hatte sich Britta nicht leichtgemacht. 15 Jahre lang hatte sie mit viel Freude in einer großen Internisten-Praxis gearbeitet. Ihre offene, freundliche Art war bei Patienten, Kolleginnen und Ärzten nur auf positives Echo gestoßen. Der einzige Haken: Sie mußte eine gute Stunde zu ihrem Arbeitsplatz fahren. Als sie das Stellenangebot eines Arztes, dessen Praxis nur wenige Meter von ihrer Wohnung entfernt lag, in der Zeitung las, stellte sie sich vor. Mit Dr. B. verstand sie sich auf Anhieb – sie nahm die Halbtagsstelle an. Startschuß für eine dreieinhalbjährige Quälerei, verursacht von ihrer einzigen Kollegin: Frau K., heute 43, arbeitete damals schon seit 13 Jahren bei Dr. B. als Ganztagskraft. Nun Konkurrenz zu bekommen, mußte sie nicht befürchten, denn die Arbeitsgebiete waren klar getrennt: Während Britta B. im Labor arbeitete und die tägliche Sprechstunde betreute, war Frau K. allein für das Vorzimmer, für die Abrechnungen und den gesamten Briefverkehr zuständig. „Keine Frage, das machte sie hervorragend und in atemberaubendem Tempo", so Britta. „Als Rivalin mußte sie mich nicht ansehen. Trotzdem gab sie mir vom ersten Tag an keine Chance, mit ihr auszukommen – auch wenn sie mich nie offen bekämpft hat und sich nachweisbar nicht viel zuschulden kommen ließ." Vielleicht spielte es eine Rolle, daß Frau K. mit Brittas

Vorgängerin befreundet war und sich nun nicht mit einem „Ersatz" zufrieden- **82**
geben konnte. Vielleicht lag es daran, daß die Neue attraktiver war und auch **83**
die Herzen der Patienten im Sturm eroberte. Daß Frau K. bei den Patienten nicht
allzu beliebt war, wundert Britta B. nicht: „Sie gab sich auch nie die Mühe,
besonders nett zu sein." Was auch immer die genauen Gründe für Frau K.s
Ablehnung gegenüber der neuen Kollegin gewesen sein mögen – daß sie Britta
B. nicht mochte, machte sie deutlich.

Das begann frühmorgens. Britta B. kam immer bereits gegen 7.15 Uhr – „Ich
brauche nunmal eine gewisse Anlaufzeit"–, eine halbe Stunde früher als Frau K.
In dieser Zeit machte sie auch den Kaffee – den Frau K. dann in den Ausguß goß.
Ohne ihn probiert zu haben und ohne jeglichen Kommentar. Das Spiel wieder-
holte sich, auf Brittas Fragen, was sie denn falsch machen würde, kam keine
Antwort. Der Klügere gibt nach, dachte sich Britta und stellte fortan nur noch
Pulver, Wasser und Tassen bereit. „Ich dachte, sie braucht vielleicht Zeit, um sich
an mich zu gewöhnen."

Doch die Wochen verstrichen, und nichts renkte sich ein. Frau K. sprach nur das
Allernötigste mit Britta, Auskünfte gab sie – wenn überhaupt – nur widerwillig,
sämtliche Neuerungen schleuste sie an ihr vorbei. Natürlich suchte Britta das
Gespräch, immer und immer wieder. „Darauf gab sie mir eigentlich immer nur
einen Kommentar: Ach Quatsch, sagte sie dann und drehte sich weg."

Bis Britta B. die ersten körperlichen Symptome wahrnahm, verging ungefähr ein
Dreivierteljahr. Wenn sie um Viertel vor acht den Schlüssel im Schloß der Praxistür
hörte, bekam sie das erste Mal Bauchschmerzen. Abends sank sie erschöpft ins
Bett – um Punkt zwei Uhr nachts wach zu werden und nicht mehr einschlafen
zu können. „Ich konnte die Uhr danach stellen." Einige Zeit später begann sie,
unter chronischem Durchfall zu leiden.

Allmählich begann Britta B. die Tage in zwei Klassen zu unterteilen. Hatte Frau
K. ihren schlechten Tag, versuchte sie die Kollegin direkt zu ärgern, hatte sie
einen weniger schlechten Tag, ignorierte sie die andere und ging ihr konsequent
aus dem Weg. „Diese Beklemmung war dann trotzdem da, aber an solchen
Tagen hatte ich wenigstens meine Ruhe."

Besondere Vorfälle? Weiterhin keine – abgesehen von den Postkarten, die
Patienten aus dem Urlaub an Britta B. schrieben und die Frau K. verschwinden
ließ. Abgesehen von Frau K.s privaten Telefongesprächen, in denen sie laut über
die „Bescheuerte" schimpfte – natürlich ohne Brittas Namen zu nennen. Und
abgesehen von Brittas Schrank, den die andere durchwühlte oder einfach

umräumte. Alle paar Tage hatte Frau K. eine dieser kleinen Gemeinheiten zu
bieten, und die Hoffnung, daß sich das feindselige Verhalten mit der Zeit legen
würden, hatte Britta B. längst aufgegeben. Sie sprach mit Dr. B., sagte ihm, daß
sie kündigen wolle, wenn sich Frau K. nicht ändern würde. Erschrocken versprach
der Arzt einzugreifen. Wie Britta B. von dem Lehrling, der inzwischen in der Praxis
angestellt war, erfuhr, hat er das noch am selben Tag gemacht. Frau K. gelobte
unter Tränen, sich zu bessern. Und tatsächlich: Sie enthielt ihr keine Informationen mehr vor, gab zumindest karge Antworten auf Brittas Fragen. Ungefähr eine
Woche lang, dann legte sie allmählich wieder ihr früheres Verhalten an den Tag.
Ein zweites Gespräch mit dem Arzt hielt Britta B. für sinnlos. Zumal sich ihr Chef
auch nicht gerade sehr geschickt anstellte, um Frau K.s Ablehnung gegenüber
der Kollegin abzubauen. Als beispielsweise der Lehrling Frau K. bat, einen
schwierigen Brief zur Sicherheit nochmal durchzulesen, schaltete sich Dr. B.
sofort ein: „Nein, lassen Sie das lieber Frau B. kontrollieren – die kann als einzige
hier perfekt Deutsch!" Vorfälle dieser Art schürten den Haß wohl noch zusätzlich.
Britta B. versuchte, sich ein dickes Fell zuzulegen und die Attacken an sich
abprallen zu lassen. „Aber du schwankst immer wieder zwischen Wut, Verständ-
nislosigkeit und Verzweiflung – weil du auch nicht kapierst, warum sie immer
und immer wieder versucht, dich anzugreifen oder extra alles anders macht –
nur um dich zu provozieren." Wie beim Aussortieren alter Patientenkarteien zum
Beispiel: Frau K. riß alle Unterlagen einmal in der Mitte durch und warf sie in den
Papierkorb. Britta B. schlug vor, zumindest die mit Namen versehenen Berichte
von ihrem Mann im Reißwolf zerkleinern zu lassen, damit die Anonymität
gewahrt bleibe. Der Arzt war sofort dafür, daran hätte er nicht gedacht. Britta
B. nahm deshalb immer einen Teil der Unterlagen – soviel sie bequem tragen
konnte – mit nach Hause. Als sie kurze Zeit darauf eines Morgens in die Praxis
kam, waren sämtliche Akten verschwunden – von Frau K. in den normalen Müll
befördert. „In solchen Momenten kannst du nur noch verständnislos die Schultern zucken und versuchen, Dich keinesfalls aufzuregen."
Wie sie den ständigen Kleinkrieg ausgehalten hat, kann Britta B. heute gar nicht
mehr nachvollziehen: „Es ist, als ob man auf einem Karussell sitzt, das sich immer
schneller dreht. Du hast einmal den Absprung verpaßt, und nun wird die Angst
davor immer größer." Ihr Durchhaltevermögen erklärt sich auch noch aus Britta
B.s persönlicher Situation. Sie war lange Zeit medikamentensüchtig und zu
diesem Zeitpunkt seit zwölf Jahren clean. „Irgendwie wollte ich mir vermutlich
beweisen, daß ich auch diese schwierige Phase durchstehen kann." Auf das

Gehalt war sie nicht angewiesen, ihr Mann verdiente genug. „Doch ich hab **84** immer sehr, sehr gerne gearbeitet." **85** Dreieinhalb Jahre hat Britta B. durchgehalten, bis einer dieser unzähligen, kleinen Vorfälle das Faß zum Überlaufen brachte. „Ich habe es diesmal sogar geschafft zu lachen", erinnert sich Britta, „und sagte noch: Mein Gott, Frau K., hören Sie doch endlich mit dem Meckern auf!" Aber die Magenschmerzen wurden diesmal immer stärker, bis es kaum mehr auszuhalten war. Nach zwei Tagen ging sie zum Arzt, der Magengeschwüre feststellte. Am selben Tag nach Feierabend brachte sie ihre Kündigung, legte sie auf Frau K.s Schreibtisch: „Geben Sie das bitte morgen früh Dr. B." Mit einem Blick erfaßte die Kollegin die Situation – und reagierte hektisch, beinahe panisch: „Quatsch – was soll das denn?" Britta B. ersparte sich weitere Erklärungen und konzentrierte sich erstmal auf ihre Genesung. Ein halbes Jahr dauerte es, bis sie sich seelisch wieder einigermaßen stabil fühlte. Geholfen haben ihr dabei nicht nur ihr Mann, sondern auch ein Rhetorikkurs, in dem sie von ihren Erfahrungen erstmals erzählte, und ein Mobbing-Seminar. „Es tut gut, verstanden zu werden und Leute zu treffen, die diesen nervenzerreibenden Kleinkrieg, der so lächerlich klingt, auch erlitten haben und nachempfinden können." Seitdem spielt sie auch erstmals wieder mit dem Gedanken, sich eine neue Stelle zu suchen.

Brittas Geschichte macht einiges davon deutlich, was für viele Fälle exemplarisch ist:

- Es bedarf keiner großen Attacken, um ein Opfer zu zermürben. Auch kleine Gehässigkeiten am laufenden Band und über einen langen Zeitraum hinweg machen krank.
- Manche Mobber verfahren nicht systematisch nach einer klaren Taktik, sondern stochern einfach drauflos. Ob sie sich dadurch selbst lächerlich machen und kindisch wirken, scheint ihnen egal oder einfach nicht bewußt zu sein – Hauptsache, sie können ihr Opfer ärgern.
- Um beim Mobbing auf der Strecke zu bleiben, muß man nicht zwangsläufig mehrere oder einflußreiche Gegenspieler haben. Eine gleichgestellte Kollegin, die keinen nennenswerten Einfluß hat, kann ausreichen, um dem Opfer den Arbeitsalltag vollkommen zu vermiesen. Vor allem, wenn der Betroffene keine weiteren Kollegen hat, an die er sich wenden könnte. Je kleiner ein Team ist, um so entscheidender wird das Verhalten jedes einzelnen.

– Beim Mobbing gibt es häufig nur eine kurze oder auch gar keine Vorwarnzeit. Kein Streit, keine offene Auseinandersetzung signalisieren dem Betroffenen, sich auf einen Psychoterror innerlich vorzubereiten.

– Nicht immer ist der Konflikt klar erkennbar, zumindest für das Opfer. Und in manchen Fällen liegt der Konflikt wohl auch ausschließlich in der Person des Täters – wie bei Frau K. Bei ihr scheint die Triebfeder für ihr Verhalten in einem schwer ergründbaren Neid oder einer chronischen Unzufriedenheit gelegen zu haben. Für das Opfer ist es dann um so schwieriger, zum Teil unmöglich, sinnvoll zu handeln – einen Konflikt, für den man selbst nicht die Ursache ist, kann man in der Regel auch nicht ausräumen.

Ein Wort zu den Tätern: In Fällen wie diesem drängt sich die Frage auf, ob sich manche Mobber überhaupt der Tragweite ihres Verhaltens bewußt sind. Frau K. meckert, mosert, boykottiert, isoliert, verweigert die Aussprache – und fällt dann aber offensichtlich aus allen Wolken, wenn ihr Opfer irgendwann den Schlußstrich zieht und kündigt. In solchen Fällen liegt der Verdacht nahe, daß manche Täter ihr Verhalten kaum oder gar nicht reflektieren und auch keine bestimmte Absicht haben. Sie wollen ihren Frust ablassen und schaffen das offensichtlich nur, indem sie andere reizen, provozieren, ärgern oder verletzen. Natürlich ist das keinesfalls eine Entschuldigung, aber ein Hinweis darauf, warum faires Verhalten und geduldiges Abwarten des Opfers häufig keine positive Wirkung zeigen.

Ein Wort zu den Vorgesetzten: Chefs wie Dr. B. – und davon gibt es leider viele – sind selten in der Lage, richtig einzugreifen. Und wohl auch nicht willens genug: Sie hoffen, daß sich die Spannungen zwischen den Mitarbeitern von selbst legen, halten sich weitgehend heraus aus dem Dilemma und denken, mit einem Gespräch wäre die Sache erledigt. Natürlich läßt sich nur mutmaßen, wie sich Frau K. langfristig verhalten hätte, wenn sich Dr. B. nach der einzigen Aussprache stärker um das Problem gekümmert hätte, fortan regelmäßig Rücksprache mit seinen Mitarbeiterinnen gehalten hätte, Britta B. deutlich ermutigt hätte, jeden Vorfall mitzuteilen. Aber mit konsequenten und regelmäßigen Signalen in dieser Richtung wäre die Situation wohl eher zu bereinigen gewesen.

Häufige Strategien? Beim Mini-Krieg ohne Ende wäre eine Aufzählung **86**
tatsächlich endlos. Alles, was den Betroffenen eventuell ärgern oder **87**
verletzen könnte, kann ins Spiel gebracht werden – steter Tropfen höhlt
den Stein.

■ Die Folgen

Wer das Gefühl bekommt, für einen anderen ein rotes Tuch zu sein und
dauernd mit kleinen Gemeinheiten getriezt und verletzt wird, stellt sich
zwangsläufig die Frage: Warum? Was habe ich getan, daß der andere mich
nicht mag? Was ist an mir, daß ich solch ablehnende Verhaltensweise
provoziere? Nichts – wäre in vielen Fällen die einzig richtige Antwort.
Abgesehen von den wenigen Menschen mit nahezu unerschütterlichem
Selbstbewußtsein, beginnen die meisten Opfer aber an sich selbst zu
zweifeln, ihr eigenes Verhalten in Frage zu stellen. Doch auch wenn es
irgendwann gelingt, diese Zweifel weitgehend abzuschütteln, ist eine
innere Entspannung kaum möglich. Über dem Berufsalltag liegt ein
Schatten, der sich oft auch nach Feierabend nicht wegdenken läßt. Wann
kommt die nächste Stichelei, die nächste Gemeinheit, die nächste Provo-
kation? Man fühlt sich der Situation und natürlich auch dem Täter hilflos
ausgeliefert. Die normale, ansonsten bewährte Art, Konflikte zu lösen,
greift nicht mehr. Das Gefühl, ohnmächtig zu sein, keinen aktiven Handlungsspielraum und keine Chance gegen die ständigen Angriffe zu haben,
setzen den psychischen und physischen Ressourcen so lange zu, bis sie
erschöpft sind.

■ Wie sich Betroffene wehren können

Am Anfang sollte immer der Versuch einer Aussprache stehen – wer sich
bei den ersten Anzeichen von Ablehnung kooperativ und fair verhalten
kann, vermag unter Umständen die Vorbehalte zu knacken. Es ist rasch
abzusehen, ob man mit dieser Taktik Erfolg hat. Schlägt sie fehl, sollte
man das keinesfalls am eigenen Unvermögen festmachen. Im Gegenteil:
Stärken Sie Ihr Selbstbewußtsein, machen Sie sich immer wieder klar, daß
Sie für diesen Konflikt nicht im geringsten verantwortlich sind. Wer mit
dieser Gewißheit fortan auf Durchzug schalten und sämtliche Negativ-
Manöver an sich abprallen lassen kann – Gratulation. Allerdings gelingt
das nur den wenigsten Menschen, dafür sind ständige Gemeinheiten auf

Dauer einfach zu zermürbend. Deshalb sollte eine direkte Gegenstrategie versucht werden: Einiges spricht dafür, daß manche Täter ihr Verhalten kaum reflektieren und sich der Wirkung ihres Handelns nicht ganz bewußt sind. Machen Sie es Ihrem Gegenspieler nicht so einfach! Konfrontieren Sie ihn mit den Folgen seines Verhaltens. Sagen Sie, wie Sie körperlich und seelisch unter seinen Schikanen leiden. Drei, vier Beispiele müssen in der Regel genügen, um sein Gewissen in Gang zu setzen. Gelingt das nicht und hat man auch, wie in Brittas Fall, keine Kollegen, kann tatsächlich nur der Vorgesetzte eingreifen. Spielen Sie das Problem vor ihm keinesfalls herunter, sondern weisen Sie darauf hin, daß die Situation für Sie unerträglich ist – und daß es allein in seiner Hand und Verantwortung liegt, für Besserung zu sorgen.

■ Wie Außenstehende helfen können

In Fällen wie dem oben beschriebenen gibt es nur einen Außenstehenden – den Chef. Dabei wäre es allein schon aus egoistischen Gründen ein fataler Fehler, vor den Spannungen zwischen den Mitarbeitern die Augen zu verschließen: Denn wer nicht rechtzeitig und nachhaltig eingreift, verliert in der Regel einen guten Mitarbeiter – wenn jemand auf dem Arbeitsmarkt Chancen hat, wird er sich nicht ewig von einem anderen quälen lassen. Doch auch wenn das Mobbing-Opfer nicht kündigt, wird seine Motivation auf Dauer stark geschmälert.

Natürlich sollte man sich beide Seiten in Ruhe anhören, dann aber handeln und deutlich machen, daß man die Verhaltensweisen des Widersachers keinesfalls weiter dulden wird. Damit dieser Warnschuß ernstgenommen wird, muß man als Chef am Ball bleiben und sich regelmäßig versichern, daß der Mobber seine Schikanen unterläßt.

Resümee

Welcher Schikanen sich die Mobber bedienen, ist zum Teil von den Hierarchien abhängig: Auf den niedrigeren Ebenen sind die Aufgaben des einzelnen meist ganz klar umrissen und überschaubar – es bieten sich damit wenig Angriffspunkte, einem Kollegen beruflich etwas am Zeug zu flicken oder seine Leistung in Frage zu stellen. Deshalb wird eher das Privatleben eines Opfers attackiert, seine Persönlichkeit, seine Eigenheiten, seine Besonderheiten stehen unter Beschuß. Auf höherer Ebene hingegen neigen Kollegen mehr dazu, einen anderen beruflich ins Abseits zu drängen, seine Leistung und Fähigkeit abzuqualifizieren.

Häufig kommt es auch schrittweise zur Eskalation – im Laufe des Mobbing-Prozesses greifen die Täter zu immer neuen, noch gefährlicheren Waffen, um ihr Opfer systematisch zu zermürben. Dabei brauchen die Verantwortlichen häufig nicht mehr viel Einfallsreichtum. Denn was passiert, wenn ein Kollege beispielsweise mit immer neuen Gerüchten über sein Privatleben konfrontiert wird? In der Regel wird er verunsichert, nervös, grübelt über mögliche Ursachen dieser Attacken. Die Folge? Er kann sich nicht mehr so gut konzentrieren, seine Leistungsfähigkeit sinkt, unter Umständen macht er Fehler – und seine Gegenspieler haben ein weiteres Druckmittel in der Hand. Sie streuen nicht mehr nur Gerüchte, sondern beginnen, an seinen beruflichen Fähigkeiten herumzukritisieren. Der Betroffene wird zwangsläufig noch stärker verunsichert, verliert immer mehr den Boden unter den Füßen, psychosomatische Beschwerden tauchen auf, er wird immer häufiger krank, dadurch fällt er erstmals seinen Vorgesetzten unangenehm auf, wird deshalb vielleicht auch von höherer Stelle angegriffen ... Das Fatale an Mobbing ist nicht zuletzt, daß der Gemobbte im Laufe der Zeit tatsächlich immer angreifbarer wird. Denn jeder Mensch ändert nach einer bestimmten Phase des Psychoterrors sein Verhalten, in dieser hochgradigen Streßsituation wird er „unnormal". Und der Täter findet beinahe täglich neue Ansatzpunkte, um sein Opfer weiter zu quälen, und weitere Verbündete, die den lästig gewordenen Kollegen loswerden wollen. Ein Teufelskreis, in den das Opfer immer tiefer hineingerät.

Auch das ist Mobbing: Sexuelle Belästigung

Von der einmaligen Entgleisung zum Psychoterror

Einzelfälle? Kavaliersdelikte? Die Zahlen sprechen für sich: 72 Prozent der Frauen wurden bereits an ihrem Arbeitsplatz sexuell belästigt, ermittelte die Sozialforschungsstelle Dortmund in der ersten bundesweiten und branchenübergreifenden Studie, die zu diesem Thema vom Bundesministerium für Jugend, Familie, Frauen und Gesundheit durchgeführt und 1991 veröffentlicht wurde. Um vorschnelle Rückschlüsse zu vermeiden, müssen jedoch erst zwei Fragen geklärt werden: Wann ist von sexueller Belästigung zu sprechen? Und wann sind diese Attacken als Mobbing zu bezeichnen?

■ Sexuelle Belästigung – eine Definition

Nichts gegen einen Flirt im Büro! Fast jede dritte feste Beziehung – so ermittelte die Münchner Gesellschaft für Rationelle Psychologie 1992 – bahnt sich zwischen Menschen an, die Tag für Tag zusammenarbeiten. Und daß der Funke manchmal auch nur einseitig überspringt, ist nicht zu vermeiden. Doch mit Liebeswerben, Zuneigung und Erotik hat sexuelle Belästigung *absolut nichts* gemeinsam. Und umgekehrt.

Die Grenze zwischen einem Flirt, der von beiden Seiten erwünscht ist, und sexistischen Angriffen ist vollkommen eindeutig. Bärbel Meschutat, Monika Holzbecher und Gudrun Richter liefern in dem Buch „Strategien gegen sexuelle Belästigung am Arbeitsplatz" (Köln, 1993) die folgende Definition:

„Beim Thema sexuelle Belästigung geht es ... um Verhaltensweisen:
– die von Frauen unerwünscht sind,
– die Frauen abwerten und erniedrigen,
– die die von Frauen gesetzten Grenzen überschreiten,
– bei denen Frauen durch Ablehnung oder Kritik mit negativen Folgen rechnen müssen."

Dabei sind die Frauen wahrlich nicht zimperlich: Anzügliche Witze, Hinterherpfeifen oder auch „zufällige" Körperberührungen empfindet

nur jede dritte als sexuelle Belästigung. Die Mehrheit ist bei solchen Vorfällen offensichtlich noch bereit oder schon so abgehärtet, um ein Auge zuzudrücken. Um so alarmierender ist es, wenn sich noch immer 72 Prozent der Befragten von Attacken belästigt und erniedrigt fühlten, die vom Großteil aller Frauen (mindestens 73 Prozent) als sexuelle Belästigung eingestuft werden. Einige Beispiele für die anscheinend alltäglichen Übergriffe durch Kollegen, Vorgesetzte oder auch Kunden: Bereits 56 Prozent aller Frauen wurden durch anzügliche Bemerkungen über Figur oder sexuelles Privatleben erniedrigt, 34 Prozent durch Po-Kneifen und 22 Prozent durch Busen-Grapschen handgreiflich belästigt. Jede 20. Frau wurde sogar schon Opfer sexueller Nötigung. Haarsträubende Fakten. Doch eine einzelne sexistische Attacke, so verachtend sie sein mag, ist noch nicht als Mobbing zu bezeichnen. Davon ist erst dann zu sprechen, wenn eine Frau *häufig* und *über einen langen Zeitraum hinweg* durch obszöne Kommentare und Handlungen gedemütigt wird. Der Hamburger Betriebsarzt und Mobbing-Experte Dr. Jürgen Ebeling schätzt, „daß mindestens 3 bis 5 Prozent aller Mobbing-Fälle in Deutschland in den Bereich der sexuellen Belästigung fallen. Ich spreche bewußt nicht von Flirten oder auch Anbaggern. Aber wenn beispielsweise zwei Männer in Gegenwart einer Frau immer wieder Anzüglichkeiten loslassen mit dem Ziel, sie zu ärgern, zu verletzen, zu diskriminieren, dann ist das natürlich Mobbing."

■ Typische Täter – typische Opfer?

Dank der bereits zitierten Studie liegen zumindest für diesen Bereich der beruflichen Schikanen zuverlässige Ergebnisse vor. Im Prinzip darf sich zwar keine Frau vor sexuellen Belästigungen sicher fühlen. Überdurchschnittlich oft betroffen sind allerdings
– jüngere Frauen zwischen 20 und 30 Jahren in noch nicht gefestigter Position,
– Frauen auf mittleren Hierarchiestufen, wenn sie zum Beispiel versuchen, sich gegenüber männlichen Mitstreitern zu behaupten,
– Frauen, die in Männerdomänen tätig sind.
Die Täter suchen sich ihre Opfer also gezielt aus – und zwar keinesfalls, wie vielfach behauptet, um ihr Interesse an einer Frau zu zeigen, sondern um die Betroffene zu erniedrigen und dadurch Überlegenheit zu demon-

strieren. Kein Wunder, daß diese abschreckenden Machtspiele vor allem **92** von Männern in beruflich gefestigten Positionen ausgeübt werden. Der **93** typische Belästiger? Laut Studie zwischen 40 bis 50 Jahre alt, verheiratet, mit Kindern. Am häufigsten kommen die Attacken von der gleichen Ebene: Zu 38 Prozent sind Kollegen die Übeltäter, zu 21 Prozent erdreisten sich Vorgesetzte. Der Rest verteilt sich auf Kunden, Klienten oder Patienten (insgesamt 14 Prozent) sowie Ausbilder oder Mitglieder des Betriebsrates.

■ Die Auswirkungen für die Opfer

Viele Frauen sind im ersten Moment perplex und sprachlos, wenn sie sexuell belästigt werden. Die meisten sind angeekelt und peinlich berührt, manche empfinden Aggressionen und Empörung, andere fühlen sich verängstigt und wie erstarrt. Der erste Schock weicht häufig einem Gefühl der Ohnmacht und Hilflosigkeit. Dazu kommt die Angst, sich falsch oder zu wenig gewehrt zu haben – das Selbstbewußtsein erhält dadurch noch zusätzliche Dämpfer. Doch die Auswirkungen reichen häufig noch viel weiter. Viele Frauen erzählen von psychosomatischen Beschwerden, von Schlafstörungen, Ängsten, Alpträumen, Eß- und Konzentrationsstörungen oder allergischen Reaktionen, teilweise leidet auch die Partnerschaft des Opfers unter den sexuellen Übergriffen der Täter. Nahezu jede dritte Befragte wurde so krank, daß sie dadurch mehrere Wochen bis zu einem Jahr arbeitsunfähig war.

Besonders fatal: Die belästigten Frauen werden vielfach zweifaches Opfer. Sie werden zuerst von den Tätern erniedrigt. Wenn sie sich wehren, haben sie anschließend häufig mit Anfeindungen im Betrieb zu kämpfen: 47 Prozent der betroffenen Frauen mußten danach berufliche Nachteile erfahren, 3 Prozent wurden versetzt, 2 Prozent erhielten schlechtere Zeugnisse – und 6 Prozent sahen nur noch den Ausweg zu kündigen. Und die Täter? Kommen in der Regel immer noch ungeschoren davon. Lediglich 6 Prozent wurden verwarnt, 1 Prozent wurde versetzt und nur lächerliche 0,4 Prozent aufgrund ihres Verhaltens entlassen. Ein Skandal, vor dem viele Verantwortliche immer noch die Augen verschließen. Doch auch wenn es keine Patentrezepte gibt, um den Tätern das Handwerk zu legen, gibt es doch eine Reihe von Möglichkeiten, um auf sexuelle Belästigungen zu reagieren.

Sich zur Wehr setzen

Wenn der Kollege aufdringlich wird

Anita Z., 25, Sachbearbeiterin Sexuelle Belästigung, so dachte Anita früher, passiert Frauen, die sich allein in abgelegene Parks oder nachts in eine schlecht beleuchtete Tiefgarage wagen. Daß sie selbst am hellichten Tag an ihrem Arbeitsplatz gefährdet sein könnte, wäre ihr niemals eingefallen.

In ihrer Abteilung arbeiteten nur wenige Frauen, der kollegiale Umgangston vor allem zwischen den Männern war eher rauh. Anita bemühte sich von Anfang an um Weiterbildungsmöglichkeiten, sie wollte mit Engagement und Einsatz beruflich vorankommen. Dadurch war sie zwei ebenfalls ambitionierten Kollegen, Achim A. und Bert G., ein Dorn im Auge. Als die beiden Männer, privat miteinander befreundet, begannen, in Anitas Gegenwart Zoten zu erzählen und sich dabei vor Vergnügen auf die Schenkel schlugen, dachte sie zuerst an einen Zufall. Sie zeigte deutlich ihren Widerwillen. Doch das nützte nichts – im Gegenteil: „Damit ich garantiert jedes Wort mitbekomme, haben sie sich dabei am liebsten an meinen Schreibtisch gelehnt – aber ansonsten so getan, als wäre ich gar nicht da. Natürlich war ich empört, aber ich dachte: Wenn ich eindeutig darauf reagiere, tue ich ihnen höchstens noch einen Gefallen." Anita versuchte, auf Durchzug zu schalten, doch immer häufiger machten sie die beiden zur unfreiwilligen Zuhörerin. Dann auch zur Zuschauerin: Als Anita eines Morgens ins Büro kam, klebten Pin-ups an den Wänden. „Ich glaube, in diesem Moment wurde ich dunkelrot – weniger aus Scham, sondern aus Wut", erinnert sich die junge Frau. Als sie zornentbrannt, aber ohne ein Wort, die Poster abriß und in den Papierkorb beförderte, sahen die beiden Mobber grinsend und mit verschränkten Armen zu, meinten: „Vermutlich ist sie neidisch, weil sie selbst keine so großen Titten hat."

Weitere Pornofotos tauchten in regelmäßigen Abständen zwischen Anitas Akten auf, in ihrer Schreibtischschublade fand sie ein Kondom, beinahe täglich begrüßten sie die beiden mit anzüglichen Kommentaren. Der Spruch „Na, wie war's gestern nacht? Muß ja wieder heiß hergegangen sein – so erledigt wie du ausschaust!" gehörte dabei noch zu den harmloseren.

Schmutzige Witze, schlüpfrige Anspielungen – Anita wußte bald nicht mehr, wie sie die ständigen Attacken ertragen sollte. Sobald sie mit einem der beiden Männer allein im Zimmer war, pochte ihr das Herz bis zum Hals, Hitzewellen überkamen sie. Wenn einer der Übeltäter nur einen Schritt auf sie zukam, zuckte **94** sie zusammen, ihr wurde übel – aus Angst, er würde sie berühren. Darauf hieß **95** es dann nur: „Nun hab dich doch nicht so – vielleicht brauchst du mal ein bißchen Abwechslung von deinem Lover ..." Mit ihrem Freund wollte sie nicht darüber sprechen: „Ich befürchtete, daß er es in den falschen Hals bekommen würde – wo er ohnehin so schnell eifersüchtig wird." Diese Eifersucht erhielt neue Nahrung: „Hast du einen anderen?" fragte er immer häufiger argwöhnisch. Denn Anita zuckte inzwischen schon zusammen, wenn ihr Freund nur den Arm um sie legte: „Mir gingen die schweinischen Sprüche nicht mehr aus dem Kopf, ich träumte sogar nachts von den beiden Typen – wie sie mich verfolgen, mir immer näher kommen, mit ihren Händen nach mir greifen ... Es war fürchterlich." Warum sie die beiden nicht zur Rede gestellt hat? „Ich dachte, das hat eh keinen Sinn. Sie haben ja gemerkt, wie sehr ich darunter leide. Ich wurde ständig rot und sagte kein Wort mehr." Die Kollegen einweihen wollte sie auch nicht – aus Angst, für ein „Sensibelchen" gehalten zu werden. Als letzten Ausweg sah sie nur noch den Gang zum Personalrat. „Ich sagte ihm, daß ich mich von den beiden seit über einem halben Jahr belästigt fühlen und am liebsten die Abteilung wechseln würde." Ins Detail ging sie dabei nicht: „Er hätte doch sicher gedacht: Wenn sie so lange nichts unternommen hat, kann es doch nicht so schlimm gewesen sein. Außerdem hatte ich Angst, daß die ganze Abteilung mich schneidet, wenn die beiden meinetwegen versetzt oder abgemahnt würden." Die Folge: Anita wurde einige Monate später tatsächlich versetzt, die beiden Männer kamen mit einer „Aussprache" beim Personalrat davon.

Anita hat sich genau so verhalten, wie es sich die Kollegen wohl auch erhofft hatten: Sie ließ sich von der sexuellen Belästigung zutiefst verunsichern, ohne sich zur Wehr zu setzen. Ein typisches Verhalten, das selten zum Erfolg führt, wie die Bundesstudie zur sexuellen Belästigung am Arbeitsplatz verrät: Ungefähr jede zweite Frau versucht, solche Annäherungsversuche zu ignorieren oder auch den Belästiger zu meiden. 40 Prozent aller Befragten versuchten, scherzhaft mit der Belästigung umzugehen. Doch diese drei passiven Abwehr- und Vermeidungsstrategien bringen meist wenig. Nur ein Drittel der Frauen gab an, auf diese Weise Erfolg gehabt zu haben. Zwei Drittel der Täter hingegen machten unverdrossen weiter. Wesentlich eher lassen sich die Übeltäter von aktiven Gegenmaßnahmen beeindrucken und abschrecken.

■ Sinnvolle Methoden, um sich aktiv zu wehren

☐ *Klartext reden.* Den Kollegen zur Rede zu stellen, hat in vielen Fällen Erfolg. Fast zwei Drittel aller befragten Frauen, die diese Strategie angewendet haben, beurteilen sie als positiv, das heißt: Die Belästigung unterblieb von diesem Zeitpunkt an. Wichtig dabei: Machen Sie dem Belästiger unmißverständlich deutlich, daß sein Verhalten nicht erwünscht ist, und fordern Sie ihn auf, sämtliche Übergriffe dieser Art in Zukunft zu unterlassen.

☐ *Der Anklagebrief.* Wer das offene Gespräch mit dem Belästiger vermeiden will, kann die eigene Position auch schriftlich niederlegen. Dieser Brief sollte sachlich und detailgenau formuliert sein und folgende Schwerpunkte enthalten: Die genaue Beschreibung der Tatsachen: Wann und wie wurden Sie von ihm belästigt? Die Schilderung der Auswirkungen: Welche Gefühle hat dieses Verhalten bei Ihnen ausgelöst? Mit welchen Symptomen haben Sie seitdem zu kämpfen? Die Forderungen: Welche Verhaltensweisen muß der Belästiger ändern? Die Konsequenzen: Wen werden Sie einschalten, falls sich der Belästiger nicht an Ihre Forderungen hält? Wenn Sie Ihrem Schreiben zusätzlich Nachdruck verleihen wollen, schicken Sie es per Einschreiben. Der Täter kann sich dann auch keinesfalls mit der Ausrede auf der Affäre ziehen, er hätte den Brief niemals erhalten. Einen Durchschlag dieses Schreibens sollten Sie in jedem Fall sorgfältig aufbewahren, um gegebenenfalls später ein Beweismittel in der Hand zu haben.

☐ *Körperliche Abwehr.* Wer selbst handgreiflich belästigt wird, muß das nicht passiv hinnehmen. Eine Ohrfeige oder vehementes Zurückstoßen des Angreifers können die Entschlossenheit des Opfers, sich nichts gefallen zu lassen, tatkräftig zum Ausdruck bringen. 63 Prozent der Frauen, die diese Taktik anwendeten, hatten damit Erfolg.

☐ *Anonyme Denkanstöße.* Regen Sie den Belästiger zum Nachdenken an, zeigen Sie ihm, welche Negativ-Resonanz solches Verhalten in der Öffentlichkeit hervorruft – indem Sie kritische Artikel oder Aufkleber zu diesem Thema auf seinen Schreibtisch legen. Plazieren Sie Gerichtsurteile, in denen die Belästiger bestraft wurden, an seinem Arbeitsplatz.

☐ *Drohungen.* Kündigen Sie Konsequenzen an – drohen Sie, zum Chef, zum Betriebsrat, zum Rechtsanwalt zu gehen oder sein Verhalten in der gesamten Abteilung an die große Glocke zu hängen. Der Versuch lohnt sich: Mehr als 50 Prozent aller Belästiger unterlassen daraufhin ihre **96** sexistischen Attacken. **97**

☐ *Bloßstellen.* Machen Sie den Belästiger vor anderen Kollegen lächerlich, kritisieren Sie ihn vor dem Chef. „Ach, wiederholen Sie doch den Witz, den Sie heute morgen erzählt haben – vielleicht können andere über Ihre Schweinereien lachen." Oder: „Wie haben Sie diesen Spruch gemeint – ich habe ihn nicht verstanden." Wenn sich alle Blicke überrascht oder erwartungsvoll auf ihn richten, wird manchem Täter sein unmögliches Verhalten peinlich bewußt. Wenn Sie befürchten müssen, daß andere Kollegen die Sprüche des Belästigers billigen oder gar witzig finden, wappnen Sie sich mit Kommentaren, die seine Äußerungen lächerlich machen. Beispiel: Er fragt zweideutig: „Na, wie war das Wochenende?" Sie kontert: „Offensichtlich besser als deines – oder warum mußt du dich schon wieder als verklemmter Verbalerotiker austoben?" Allerdings braucht man für solche Gegenstrategien einiges an Selbstbewußtsein und Schlagfertigkeit.

☐ *Die Spiegelbild-Methode.* Den Täter mit den gleichen Waffen zu schlagen und ihm damit einen Spiegel vorzuhalten – sicher eine Strategie, die in manchen Situationen fruchtet. Allerdings muß sich die Leidtragende dazu auf das Niveau ihres Widersachers begeben. Und das ist, mit gutem Grund, nicht jederfraus Sache.

☐ *Bündnisschluß.* Sprechen Sie über die Vorfälle mit Kolleginnen und Kollegen. Häufig sind auch andere Frauen von diesem Problem betroffen, unter Umständen werden sie sogar vom selben Täter belästigt. Wer sich zusammenschließt, kann wesentlich mehr erreichen und erfolgreich Druck ausüben. Ziehen Sie, wenn möglich, auch eine Person aus dem Betriebsrat oder auch Ihren Vorgesetzten hinzu, wenn Sie genügend Vertrauen haben.

☐ *Das Belästigungstagebuch.* Es empfiehlt sich in jedem Fall, die Vorfälle genau festzuhalten. Wann ist was passiert? Wen haben Sie davon informiert? Was haben Sie unternommen? Vor allem wenn es zu einer offenen betrieblichen Auseinandersetzung oder gar zu einem Gerichtsverfahren kommt, können solche Notizen von Bedeutung werden. Ansonsten dienen sie unter Umständen dazu, den Belästiger abzuschrecken.

☐ *Die offizielle Beschwerde.* Die meisten Frauen schrecken davor zurück, sich offiziell beim Vorgesetzten oder bei der Personalleitung zu

beschweren. Sie haben Angst. Angst vor der Rache des Belästigers. Angst, die sexistischen Angriffe würden als Bagatelle abgetan. Angst vor den negativen Reaktionen in der Abteilung. Angst, als Spielverderberin abgestempelt zu werden – oder auch als Flittchen zu gelten, das solche Übergriffe provoziert. Die Autorinnen des Buches „Strategien gegen sexuelle Belästigung am Arbeitsplatz" (Köln, 1993) stellen fest, daß solche Ängste „leider nicht unberechtigt sind. Betriebliche Ansprechpersonen sind ebensowenig frei von Vorurteilen wie die übrigen Mitarbeiter/innen. Auch sie neigen dazu, die Schuld bei den Frauen zu suchen ..." Und übernehmen allzu oft eher die Sichtweise des Täters, der sein Verhalten entweder abstreitet oder auch als falsch verstandenes „Kompliment" ausgibt. Ein frauenfeindliches Weltbild, wie es in den Köpfen vieler Männer offensichtlich noch herumspukt, und das Verharmlosen sexueller Belästigung läßt sich sicher nicht über Nacht ändern, sondern nur Schritt für Schritt. Um so wichtiger ist es für betroffene Frauen, sich Rückhalt von Kolleginnen und Kollegen zu suchen, um gemeinsam vorzugehen. Unterstützung und Beratung können auch Vertrauenspersonen innerhalb des Betriebes oder auch außerhalb (zum Beispiel Frauenbeauftragte der Gewerkschaften oder Gleichstellungsstellen) bieten – und das so schnell wie möglich.

Denn auch für Mobbing auf der Ebene der sexuellen Belästigung trifft zu, was für jede Form des Psychoterrors am Arbeitsplatz gilt: Je früher reagiert wird, um so größer sind die Chancen. Je länger die Opfer Belästigungen und Schikanen wehrlos ertragen, um so weniger bringen auch gute Abwehrstrategien.

■ Der letzte Ausweg: Dem Täter den Prozeß machen?

Jede hundertste betroffene Frau, so die oben erwähnte Studie, verklagt den Übeltäter. Doch nur 40 Prozent von den Befragten bewertete diese Strategie als erfolgreich. Ein Grund hierfür ist mit Sicherheit die komplizierte Rechtslage.

Ein eigenes Gesetz zur sexuellen Belästigung gibt es bislang nicht. Sowohl im Strafrecht wie auch im Arbeitsrecht finden sich zwar anwendbare Paragraphen, die allerdings nach Erfahrungen von Experten zu wenig klar sind und es den Opfern sehr schwer machen, zu ihrem Recht zu

kommen. Die Bundesfrauenministerin Angela Merkel entwickelt derzeit **98**
ein Gleichberechtigungsgesetz, das hier Abhilfe schaffen soll: Personal- **99**
verwaltungen sollen verpflichtet werden, bei sexueller Belästigung rechtlich oder disziplinarisch zu reagieren. Für den Täter kann das beispielsweise Abmahnung oder auch Entlassung bedeuten. Doch noch ist unklar,
ob dieses Gesetz verabschiedet wird.

Bislang stellt der Rechtsweg für die betroffenen Frauen auch häufig einen
Leidensweg dar. Peinliche Befragungen, eine schwierige Beweislage, oft
auch Zweifel an der Glaubwürdigkeit des Opfers, unter Umständen sehr
milde Strafen für die Täter – ein Prozeß wird für die Frauen nicht selten
zum Spießrutenlauf. Somit ist es zwar erschreckend, aber kein Wunder,
daß es viele Frauen im Nachhinein bedauern, diesen Weg gegangen zu
sein.

Wer dennoch den Mut hat, rechtlich gegen den Belästiger vorzugehen,
sollte sich in jedem Fall Rat und Unterstützung von Rechtsanwält/inn/en
oder juristischen Beratungsstellen holen, die Erfahrung auf diesem
schwierigen Gebiet haben. Die Mehrzahl der kompetenten Juristen sind
übrigens Frauen – was sicher nicht verwundert und für viele Betroffene
auch eine Erleichterung bedeutet. Eine Hilfe vor Gericht ist es auch,
wenn die belästigte Frau den „Fall" möglichst detailgetreu dokumentieren kann. Machen Sie sich Notizen, sammeln und sichern Sie alles, was
im Zweifelsfall als Beweis gelten könnte (wie zum Beispiel Briefe, Beschwerden oder auch Zeugenaussagen). Wichtige Adressen von guten
Anwältinnen und sonstigen Ansprechpartnern/innen, die helfen können,
entnehmen Sie dem Anhang.

Besonders schwierig

Wenn sich Vorgesetzte erdreisten

Nina L., 22, Sekretärin Es begann an jenem Morgen, an dem Nina ihr neues graues Kostüm anhatte. Nichts Besonderes – taillierte Jacke, knielanger Rock. Dazu trug sie eine helle Bluse. Sie erinnert sich deshalb noch so genau, weil sie an diesem Tag kurz nach Arbeitsbeginn zum ersten Mal von ihrem Chef, Herrn K., 49, in sein Büro gerufen wurde: „Als ich hereinkam, lehnte er sich in seinen Sessel zurück, musterte mich vom Scheitel bis zur Sohle und meinte: ‚Na, Fräulein L. – Sie sind heute ja wieder ein besonders erfreulicher Anblick. Dieses Kostüm …, das läßt Männerherzen doch höher schlagen!' Dabei hat er ekelhaft gegrinst, daß ich überhaupt nicht wußte, wo ich hinschauen sollte. Mir war das Ganze so unendlich unangenehm – ich wäre am liebsten sofort wieder hinausgelaufen." Daraufhin ging er zum Tagesgeschehen über, diktierte ihr einen wichtigen Brief, nicht ohne ihr immer wieder einen anzüglichen Blick zuzuwerfen. Als Nina das Zimmer verließ, nahm sie ihren ganzen Mut zusammen und bat ihn, sie endlich mit „Frau" und nicht mit „Fräulein" anzusprechen. Sein Kommentar: „Aber Fräulein L. – Sie sind doch noch zu haben, oder täusche ich mich?!"

Zu diesem Zeitpunkt arbeitete Nina seit zwei Wochen in dieser Abteilung. Mit Herrn K., ihrem direkten Vorgesetzten, hatte sie noch nicht allzu viel zu tun gehabt. Die meisten Anweisungen hatte sie von ihrer Kollegin, Frau O., einem mütterlichen Typ Ende 40, erhalten. Doch von nun an wurde sie immer öfter ins Zimmer des Chefs zitiert. Und sein Benehmen wurde von Woche zu Woche unerträglicher. In ihrem Beisein telefonierte er mit einem Freund und berichtete ihm ausführlich von den „reizvollen Aussichten", die sich ihm gerade bieten würden. Immer häufiger begann er, über seine Ehefrau zu sprechen nach dem Motto „Diese verdammten Wechseljahre – nicht einmal mehr im Bett gönnt sie mir meinen Spaß. Sie muß sich nicht wundern, wenn ich mir mal was Knackiges suche …" Ständig versuchte er, Nina mit Fragen über ihr Privatleben in Verlegenheit zu bringen. „Jedesmal, wenn ich zu ihm ins Büro mußte, schlug mein Herz bis zum Hals, mein Magen krampfte sich zusammen, meine Knie waren zittrig. Natürlich habe ich immer wieder versucht, seine ekligen Gespräche zu unterbrechen, und ihn gebeten weiterzudiktieren. Aber das hat er einfach ignoriert und fing immer wieder damit an." Natürlich sprach sie mit ihren

Freundinnen darüber. Die gaben ihr den Tip, sich zu beschweren. Doch das wagte **100**
Nina nicht: „Wer glaubt denn einer kleinen, unwichtigen Sekretärin? Verglichen **101**
mit mir ist Herr K. ja ein großes Tier." Um abends wegzugehen, hatte sie oft
keine Lust mehr, sondern grübelte in ihrem kleinen Appartement: „Vielleicht bin
ich ja zu kleinlich und zu spießig, vielleicht denkt er sich gar nichts Böses dabei
…" oder „Bin ich denn selbst schuld, weil ich meistens Röcke trage? Ist das
vielleicht zu aufreizend?" Aber als Nina sich nur noch mit Hosen und weiten
Blazern ins Büro wagte, mußte sie sich erst recht eindeutige Schlüpfrigkeiten
anhören: „Warum verstecken Sie denn Ihre Reize? Gönnen Sie Ihrem Chef denn
gar keinen Spaß?"

Als Frau O. für zwei Wochen im Urlaub war, blieb es nicht mehr bei den verbalen
Attacken. Kurz vor Feierabend trat Herr K. von hinten an den Schreibtischstuhl
seiner Mitarbeiterin, legte ihr die Hand auf die Schulter und ließ sie langsam nach
unten zu ihrer Brust wandern. Nina war in den ersten Sekunden wie erstarrt,
konnte nicht atmen, nicht schreien. Doch dann schlug sie seine Hand so
vehement weg, daß ihr Belästiger ein, zwei Schritte zurückweichen mußte. Nina
stürzte aus dem Zimmer, verschloß sich unter Weinkrämpfen auf der Toilette,
wagte sich erst heraus, als sie sicher sein konnte, daß Herr K. die Firma verlassen
hatte.

Am nächsten Morgen tat dieser so, als wäre nichts geschehen. Im Gegenteil: Er
war besonders aufgeräumter Stimmung, rieb sich die Hände und bemerkte:
„Heute haben wir zwei Hübschen einiges zu erledigen!" Nina wußte nicht, was
sie tun sollte. Sie fühlte sich zutiefst beschämt und erniedrigt: „Reden konnte
ich nicht mit ihm. Aber als er in der Mittagspause war, legte ich ihm einen Zettel
auf den Schreibtisch: Wenn er mich noch einmal berühren würde, ginge ich
sofort zum Betriebsrat." Kurz darauf kam Herr K. in ihr Büro mit einem eisigen
Grinsen: „Deine Warnungen solltest du dir ersparen, Mädchen. Was meinst du,
was ich denen erzähle? Und wem sie glauben? Warte nur ab – bevor du dann
bis drei zählen kannst, bist du weg vom Fenster. Und das eine verspreche ich Dir:
Mit dem Zeugnis, das du dann bekommst, kannst du höchstens noch auf den
Strich gehen."

Seine Einschüchterungstaktik verfehlte ihr Ziel nicht. „Ich war innerlich wie
eingefroren, konnte keinen klaren Gedanken mehr fassen und dachte nur noch:
Das ist ein Alptraum, das muß doch aufhören." Herr K. trieb seine Schikanen
unbeirrt weiter, verschonte sie weder mit anzüglichen Sprüchen noch mit seinen
Händen, mit denen er ihr Knie tätschelte oder an ihre Schulter faßte.

Als Frau O. aus dem Urlaub kam, versuchte Nina, sich nichts anmerken zu lassen. Bis sie nach einem der demütigenden „Gespräche" mit Herrn K. unvermittelt in Tränen ausbrach. „Ich konnte einfach nicht mehr." Frau O. reagierte richtig: Sie bestand darauf, mit Nina nach Büroschluß zu reden, entlockte ihr nach und nach die ganze Wahrheit und war zutiefst schockiert: „Dieser Widerling – du bist nicht die erste, die er so behandelt. Das Maß ist voll." Noch am selben Abend telefonierte Frau O. mit einer Betriebsrätin der Firma, mit der sie auch privat sehr gut bekannt war. Gemeinsam wurde die Firmenleitung informiert. Man zitierte Herrn K. zu einem Gespräch. Zwar stritt er seine Handlungen ab, doch da Vorfälle dieser Art schon häufiger mit ihm in Verbindung gebracht worden waren, war seine Glaubwürdigkeit dahin. Noch am selben Tag nahm er seinen Jahresurlaub. In der Zwischenzeit wurde seine Versetzung eingeleitet.

Angesichts der monatelangen qualvollen Belästigungen mag es sonderbar klingen: Aber Nina hatte noch Glück. Wie die einschlägigen Untersuchungen beweisen, ist das leider längst nicht immer so. Weder Kollegen noch Betriebsräte oder andere mögliche Ansprechpartner verhalten sich immer so, wie es selbstverständlich sein sollte. Und leider besteht die Standard-„Lösung" dieses Problems häufig noch immer in der Versetzung der Betroffenen – und schlägt sich nicht, wie es das Gerechtigkeitsempfinden eigentlich nahelegt, in Sanktionen gegen den Übeltäter nieder.

Sich gegen einen Kollegen zu wehren ist, wie bereits erläutert, nicht einfach. Die sexuellen Dauerattacken eines Vorgesetzten erfolgreich abzuwehren ist in der Regel noch schwieriger. Er ist aufgrund seines Einflusses und seiner Stellung eindeutig in der besseren Situation, seine Einschüchterungsversuche zeigen deshalb oft auch mehr Wirkung. Zusätzlich erschwert wird die Situation häufig dadurch, daß Kollegen – auch wenn sie die Übergriffe zum Teil miterlebt haben und mißbilligen – Angst haben, gegen ihren Vorgesetzten auszusagen. Sie befürchten eigene berufliche Nachteile und halten sich lieber bedeckt.

Dennoch gilt auch hier: Aktive Abwehrstrategien, wie sie im vorangegangenen Kapitel aufgelistet und erklärt wurden, sind den passiven Formen vorzuziehen. Schon den ersten Anzeichen einer sexuellen Belästigung sollte sich jede Frau in ihrem Interesse entgegenstellen. Dem Täter muß klar sein, daß er sich beispielsweise mit anzüglichen Bemerkungen **102** seiner Mitarbeiterin gegenüber kein Kavaliersdelikt erlaubt, sondern daß **103** er damit seine Machtbefugnisse eindeutig überschreitet. Drückt eine Frau bei vergleichsweise harmlosen Belästigungen durch einen Vorgesetzten aus Angst, Scham oder gar falsch verstandenem Hierarchiedenken ein Auge zu, wagt es der Täter unter Umständen, immer noch einen Schritt weiter zu gehen. Die Chancen, sich erfolgreich zu wehren, verschlechtern sich drastisch, das Übel muß somit im Keim erstickt werden.

Leider ziehen Frauen auch dann oft den kürzeren, wenn sie versuchen, sämtliche im Betrieb vorhandenen Möglichkeiten auszuschöpfen. Ob sich Betroffene sinnvoll wehren können, ist nicht zuletzt immer wieder von den einzelnen Ansprechpartnern und der generellen Haltung der Firmenleitung zu diesem Problem abhängig. Von Experten werden deshalb eine Reihe von Verbesserungsmöglichkeiten diskutiert und vorgeschlagen. Im Zusammenhang mit der Bundesstudie wurde beispielsweise ein Muster für eine Betriebsvereinbarung zur Verhinderung sexueller Belästigung entworfen. Darin soll sich die Geschäftsleitung zum Beispiel verpflichten, Sanktionen gegen den Täter zu verhängen – je nach Schwere der Belästigung vom Aktenvermerk in der Personalakte bis zur fristlosen Kündigung oder Strafanzeige durch die Firmenleitung. Weitere Eckpunkte sind beispielsweise die Benennung einer Frauenbeauftragten, die Einrichtung einer Beschwerdekommission oder auch regelmäßige Schulungen für Vorgesetzte und interessierte Mitarbeiter.

Doch solange solche Vorschläge oder Gesetzesentwürfe nicht realisiert werden, kann jeder einzelne nur beschränkt und im kleinen Rahmen gegen sexistische Mobbing-Schikanen vorgehen. Gefragt ist die sinnvolle Gegenwehr jeder Betroffenen – aber auch die Zivilcourage und der mutige Einsatz jedes zufälligen Zuschauers.

Die Mobbing-Strategien der Chefs

Wenn der Chef jemanden auf dem Kieker hat

Die Bosse spielen eine entscheidende Rolle – auch und gerade beim Mobbing. Zur leider seltensten Chef-Kategorie zählen die Offensiven: Sie nehmen jeden Konflikt in Angriff, suchen – wenn möglich mit den Mitarbeitern – die beste Lösung für alle Beteiligten, legen Wert auf offene und faire Kommunikation im Team. Sobald erste Anzeichen befürchten lassen, daß ein Kollege schikaniert wird, greifen sie ein. Ihre klare Message: Mobbing? Nicht mit mir! Ob sie dabei bewußt oder instinktiv richtig handeln, spielt eigentlich keine Rolle. Wichtig ist nur die Konsequenz: Unter einem solchen Vorgesetzten hat der Psychoterror kaum eine Chance.

Der negative Gegenpart zu diesen Chefs sind die Berechnenden: Sie haben einen Untergebenen auf der Abschußliste und versuchen, ihm mit allen Mitteln den Berufsalltag zum Horrortrip zu machen. Ihre Botschaft: Ich sitze am längeren Hebel – und mache dich fertig!

Mobber – ja oder nein? Nicht immer ist die Frage so eindeutig zu beantworten. Neben den aktiven Mobbern und den aktiven Verhinderern gibt es schließlich eine ganze Reihe von Vorgesetzten, die passiv oder indirekt am Mobbing-Prozeß beteiligt sind.

Eine Führungsperson beispielsweise, die sich ihrer Verantwortung den Mitarbeitern gegenüber entzieht und sich aus allem heraushält, leistet dem Übel häufig Vorschub. Schlimmer noch als diese sehr verbreitete Chef-Spezies sind allerdings all jene Bosse, die ihre Macht ganz bewußt mißbrauchen – indem sie das Team gegen einen Kollegen aufhetzen und immer wieder Öl ins selbstentfachte Feuer gießen. Dabei machen sie sich – im Gegensatz zu den Aktiv-Mobbern – zwar nicht selbst „die Finger schmutzig". Aber sie sind dennoch die Initiatoren und die Drahtzieher des Geschehens.

Wenn Bosse mobben, dann vollzieht sich ein Kampf mit ungleichen Mitteln. Goliath tritt sozusagen gegen David an – nur daß in der Realität der Schwächere meist auch den Kürzern zieht.

Wer vom Chef schikaniert wird, hat also noch stärker zu leiden als unter den Intrigen der Kollegen? Eine solche Wertung wäre mit Sicherheit zu allgemein. Allerdings: Wer vom Vorgesetzten gemobbt wird, befindet sich häufig in einer Situation, wie sie kaum bedrohlicher sein könnte. Nicht nur soziale Kontakte und persönliches Wohlbefinden stehen auf dem Spiel, sondern die berufliche Identität, die Karriere und oft sogar die gesamte wirtschaftliche Existenz. Eine gleichberechtigte Gegenwehr ist kaum möglich, da ein Vorgesetzter aufgrund seiner Position andere Strategien anwenden kann als ein Kollege.

■ Typische Schikanen

Ein Gerücht in Umlauf setzen? Kaffee auf die Hose des Betroffenen vergießen? Hinter seinem Rücken lästern? Seine Stimme imitieren? Nein, auf solche banalen Gehässigkeiten greifen Vorgesetzte wohl nur selten zurück. Chefs haben andere Waffen – die Instrumente der Macht. Und wer sich dieser Waffen bedienen kann, muß in der Regel nicht mal oft zuschlagen, um den Gegner entscheidend zu treffen.

Wenn Vorgesetzte mobben, nützen sie dabei in der Regel immer ihre überlegene Position. Viele Schikanen basieren deshalb auf willkürlicher, unangemessener, überzogener Machtausübung oder schlichtweg auf Machtmißbrauch. Dennoch lassen sich – abhängig beispielsweise von Situation und Ursachen – Unterschiede ausmachen, wie die folgenden beiden Beispiele dokumentieren.

Beispiel 1 Sigrid U., heute 51, fühlte sich immer als Teil der Firma, in der sie fast 30 Jahre gearbeitet hat. Ihr Chef hatte die Firma gegründet und zu einem 50-Mann-Betrieb ausgebaut. Sigrid war mehr als seine Sekretärin. Sie durfte ohne Rücksprache mit ihm jeden Termin ausmachen, übernahm knifflige Briefe in Eigenregie und war auch am Wochenende zur Stelle, wenn sie gebraucht wurde. Er vertraute ihr blind, fragte sie beispielsweise um ihre Meinung, wenn für eine neue Stelle zwei interessante Anwärter in Frage kamen. Auch in der Belegschaft genoß Sigrid U. hohe Anerkennung, schließlich wußte jeder: An ihr kommt keiner vorbei.

Das änderte sich von einem Tag auf den anderen. Der Chef setzte sich zur Ruhe und übergab seinem Neffen das Zepter. Herr K., Betriebswirt, Mitte 30, wollte frischen Wind in den Laden bringen und hatte einiges vor. Modernisierungen,

Neuerungen, ein peppigeres Betriebsprofil. „Die Firma braucht eine Frischzellen- **106**
kur", pflegte er zu sagen. Das bezog sich auch auf das Personal. Klar: Die ältere, **107**
vertraute Mitarbeiterin seines Onkels paßte jedenfalls, wie manches andere,
nicht in sein Konzept. Doch da er Frau U. auch nicht einfach kündigen konnte,
versuchte er, dieses Problem anders loszuwerden. Gleich in der ersten Woche
seines Wirkens stellte er eine neue Sekretärin ein, Frau M., Anfang 20 und
computererfahren. „Damit Sie nicht alles alleine machen müssen", erklärte er
Frau U. Wenige Tage später standen zwei Männer in Frau U.s Büro: „Wo soll der
zweite Schreibtisch hin?" Frau U. wußte von nichts, ihr neuer Chef klärte sie
beiläufig auf: Die zweite Sekretärin müsse schließlich auch wo sitzen, wenn sie
nächste Woche anfinge, und das Zimmer sei wohl groß genug … Frau U.
schluckte schwer – immerhin war das Büro seit mehr als 15 Jahren ihr alleiniges
Reich gewesen –, nahm sich dann aber vor, das Beste aus der Situation zu
machen. Doch die Ereignisse überstürzten sich.

Herr K. übertrug vom ersten Moment an seiner neuen Sekretärin sämtliche
wichtigen Aufgaben. Wenn ein Kunde eine Rückfrage hatte oder ein Mitarbeiter
einen Termin wollte, sagte er prinzipiell: „Wenden Sie sich bitte an meine
Sekretärin Frau M." Kam eine Lieferung, mußte Frau U. erst nachfragen: „Haben
wir das bestellt?" Dann nickte Herr K. nur kurz: „Ach, das sind die neuen
Werbeprospekte – das habe ich mit Frau M. schon abgesprochen. Die weiß
Bescheid." Die Folge: Während Frau M. in ihrem Job richtig aufging, hatte Frau
U. Mühe, die Zeit totzuschlagen. „Lassen Sie mich das doch machen", bat sie
die neue Kollegin häufig. Doch die war offensichtlich angewiesen, nur die
einfachsten Dinge an die Ältere abzugeben. Immer häufiger ertappte sich Frau
U. dabei, daß sie zum dritten Mal in der Woche die Kundenkartei ordnete.
Deprimiert und unausgefüllt ging sie jeden Abend nach Hause. Acht Wochen
lief das so, dann bat sie Herr K. um ein Gespräch: „Ich habe den Eindruck, Sie
fühlen sich zuwenig ausgelastet …" Sigrid U. stimmte ihm hoffnungsfroh zu –
doch ihre Erwartungen wurden bitter enttäuscht. Er schlug ihr vor, ab jetzt im
Versand zu arbeiten. „Dort braucht man sie sicher."

Doch davon konnte keine Rede sein. Niemand in dieser Abteilung wußte mit der
Sekretärin des ehemaligen Chefs etwas anzufangen. Nach zwei Monaten wurde
sie weitergereicht zur nächsten Abteilung, das Spiel wiederholte sich. Mit der
allgemeinen Anerkennung im Betrieb war es natürlich längst vorbei – die anderen
Mitarbeiter sahen sie mitleidig an, einige machten auch aus ihrer Schadenfreude
keinen Hehl. „Ich fühlte mich wie ein unnützes, ausrangiertes Teil, das eigentlich

schon längst auf den Schrottplatz gehört." Depressionen machten ihr auch am Wochenende schwer zu schaffen, das Leben erschien ihr meist grau und trist. Ihr Kreislauf spielte nicht mehr mit, der Arzt schrieb sie vier Wochen krank. Drei Tage vor Ablauf dieser Frist bekam sie einen Brief von Herrn K., in dem er ihr mitteilte, daß sie nun wieder als seine Sekretärin arbeiten solle. „Endlich hat er ein Einsehen, vielleicht wird doch noch alles gut", glaubte Frau U. – doch weit gefehlt.

Auf ihrem früheren Schreibtisch stand nun ein Textcomputer, mit dem die tägliche Büroarbeit erledigt werden sollte, daneben ein Stapel von Unterlagen mit dem Vermerk: „Bitte schnell bearbeiten! Eilig!" Frau M. konnte mit dem Gerät mühelos umgehen, Frau U. hatte noch nie daran gearbeitet. „Aber dafür habe ich Ihnen ein ausführliches Handbuch besorgt", meinte Herr K. „Ein moderner Betrieb braucht schließlich moderne Mitarbeiter." Vielleicht, so meint Frau U. heute, hätte sie es unter normalen Umständen geschafft, sich mit dem Computer allein vertraut zu machen. „Aber ich war ohnehin schon mit den Nerven am Ende. Außerdem wußte ich: Es nützt nichts. Wenn du den Computer beherrschst, wird er etwas anderes finden, um dich aufs Abstellgleis zu schieben." Sie kündigte.

Beispiel 2 Die Ärztin Katarina F., 33, arbeitet in der Kinderabteilung einer großen Klinik. Der Oberarzt Dr. L. war seit jeher bekannt für sein selbstherrliches Auftreten, er duldete keinerlei Widerspruch. Katarina war allerdings nie ernsthaft mit ihm aneinandergeraten – bis zu einem eigentlich harmlosen Zwischenfall. Eine Krankenschwester kam weinend zu ihr. Dr. L. hätte sie beschuldigt, ein Medikament falsch verabreicht zu haben. Dabei hätte sie sich nur an seine Anweisungen gehalten. Katarina konnte dies bestätigen, sie war dabei gewesen. Also sprach sie mit dem Oberarzt darüber. Dr. L. herrschte sie sofort an: „Was erlauben Sie sich eigentlich! Aber bitte, wie Sie wollen, machen Sie sich darauf gefaßt, daß ich von jetzt an ein besonderes Auge auf Sie werfen werde."
Fortan funkte er Katarina fast täglich ins Handwerk. Er stellte ihre Diagnosen ständig in Frage, ließ manche der kleinen Patienten sogar von einem Assistenzarzt nochmal untersuchen: „Zur Sicherheit – Frau Dr. F. neigt manchmal zu vorschnellen Urteilen." Natürlich stellte ihn Katarina zur Rede: Was er damit andeuten wolle? Sein einziger Kommentar: Er hätte eben seine Bedenken. Punkt. Diese „Bedenken" machte er vor Krankenschwestern und Pflegern ebenso deutlich wie vor den anderen Ärzten oder auch den Eltern der kranken Kinder.

Als sich beispielsweise eine Mutter bei Katarina erkundigte, wie lange ihre **108** Tochter wohl nach der Blinddarmoperation in der Klinik bleiben müsse, schnitt **109** ihr der Oberarzt sofort das Wort ab: „Wenn Sie eine verläßliche Antwort bekommen wollen, müssen Sie sich schon an mich wenden." Systematisch setzte er alles daran, Katarina F. zu zermürben. Er versuchte, ihr möglichst viele Wochenendschichten aufzubürden, wollte ihr wegen angeblichen Personalmangels verbieten, in den Urlaub zu gehen, wies ihr Tätigkeiten zu, die ansonsten von den Schwestern verrichtet werden ... Katarina wehrte sich, so gut es ging, leider nicht immer mit Erfolg.

Ein Höhepunkt von vielen in knapp zwei Jahren: Ein Junge, der nach Katarinas sorgfältiger Untersuchung als geheilt beurteilt wurde, soll einen Tag nach der Entlassung einen gefährlichen Rückschlag erlitten haben. Das warf ihr zumindest der Oberarzt bei der Visite vor allen Anwesenden vor. „Ich war wie vom Donner gerührt, konnte nichts darauf sagen. Einen Augenblick dachte ich mir: Mensch, vielleicht warst du wirklich zu nachlässig. Wie kann dir so etwas passieren?" Die Sache ließ ihr keine Ruhe, sie forschte beim Hausarzt nach, der von nichts wußte. Unter einem Vorwand rief sie bei den Eltern des kleinen Patienten an – und fand heraus: Kein Wort war wahr. Wutentbrannt stellte sie den Oberarzt zur Rede. Seine Reaktion: „Was erdreisten Sie sich, meine Aussagen in Frage zu stellen! Ich fürchte, Ihre psychische Verfassung ist allmählich etwas labil. Sie sind auf dieser Station untragbar. Ich denke, es ist an der Zeit, Ihre Versetzung auf eine andere Stelle in die Wege zu leiten."

Bislang blieb es bei der Drohung. Was Dr. L. hinter ihrem Rücken einfädelt, weiß Katarina nicht. Noch fühlt sie sich stark genug, um nicht klein beizugeben. Ihre Familie ist dabei die wichtigste Energiequelle und ihr Ruhepol. „Wenn ich völlig klein nach Hause komme, bauen mich mein Mann und meine Kinder wieder auf." In manchen Phasen allerdings schafft sie es nur mit Hilfe von Beruhigungstabletten, den Psychostreß von oben mit einiger Gelassenheit über sich ergehen zu lassen.

Und ihre Kollegen? „Die mögen Dr. L. zwar alle nicht – aber keiner würde sich trauen, ein Wort gegen ihn zu sagen." Bei den Schwestern und Pflegern ist das nicht anders. Natürlich hat sie auch schon oft daran gedacht, sich bei der Klinikleitung zu beschweren: „Doch das ist sehr gefährlich. Dr. L. gilt als Koryphäe und hat viele wichtige Freunde ..." Trotzdem will sie sich nicht geschlagen geben und eine andere Stelle suchen. „In ein paar Jahren möchte ich eine eigene Praxis aufmachen, und bis dahin will ich durchhalten – wenn es irgendwie geht."

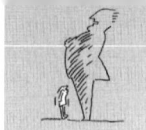

Zwei Frauen unterschiedlichen Alters, unterschiedlicher Qualifikation und Position, die in völlig unterschiedlichen Branchen arbeiten – und doch weisen beide Fälle einige Parallelen auf. Die wohl offensichtlichste Gemeinsamkeit: Gegen einen Chef, der es sich in den Kopf gesetzt hat, jemanden ins Abseits zu drängen, ist äußerst schwer anzukommen. Der Handlungsspielraum des Betroffenen ist sehr begrenzt.

Kein Arbeitnehmer ist in der Regel auf eine Auseinandersetzung mit dem Vorgesetzten aus. Doch der Umkehrschluß – also sucht der Chef den Streit – wäre auch zu oberflächlich. Die Gründe für Mobbing durch Vorgesetzte liegen meist viel tiefer.

■ Warum Chefs mobben

Auch dem Psychoterror durch Vorgesetzte liegt in der Regel ein ungelöster Konflikt zugrunde. Die häufigsten Ursachen, die gefährliche Machtspiele auslösen können:

☐ *Ärger mit der Organisation.* Wenn im normalen Arbeitsablauf immer wieder Schwierigkeiten auftreten, kommt es schnell zu ungerechtfertigten Schuldzuweisungen. Mancher Vorgesetzte macht eben lieber einen Untergebenen für die Probleme verantwortlich, als nach einer wirklichen Lösung zu suchen. Häufig passiert das auch, wenn ein Betrieb umstrukturiert wird wie im ersten Fallbeispiel: Der neue Chef wollte eine junge Sekretärin, die auf seiner Wellenlänge ist. Das ist verständlich. Mit Sigrid U. wußte er nichts anzufangen. Doch anstatt sich Gedanken zu machen, wie das Problem auf faire Weise zu lösen sei, schob er es vor sich her und verlegte sich dann rasch auf eine äußerst brutale Strategie: Er erniedrigte Frau U. so lange, bis sie selbst die Konsequenzen zog.

☐ *Druck von oben.* Das Prinzip der Hackordnung gilt leider nach wie vor. Viele Vorgesetzte geben den Druck, den sie selbst von ihrem Chef verspüren, nach unten weiter. Manchmal trifft es das ganze Team, doch unter bestimmten Umständen kann es passieren, daß sich der Vorgesetzte auf einen Mitarbeiter „einschießt" und ihn sozusagen zum persönlichen Sündenbock abstellt.

☐ *Machtgier.* Fast jeder kennt solche Fälle: Solange der Mitarbeiter nichts zu sagen hatte, war er ein umgänglicher Mensch. In dem Moment, wo er befördert wird und seine Chance wittert, noch weiter hinaufzukommen, ist er wie verwandelt. Er setzt rücksichtslos seine Ellenbogen

ein und spielt die gerade gewonnene Macht voll aus. Auch mit unfairen **110**
Methoden. Seine Botschaft: Ich sitze jetzt am Drücker. **111**

☐ *Persönliche Gründe.* Wie sich ein Vorgesetzter einem Untergebenen
gegenüber verhält, ist auch von zwischenmenschlichen Faktoren abhängig. Die Gründe für eine Störung auf dieser Ebene können unterschiedlich sein: Vielleicht hat der Chef Vorbehalte gegen den Mitarbeiter, weil
er eine andere Ausbildung oder ein völlig unterschiedliches Auftreten
hat. Vielleicht ist er neidisch – auf sein glückliches Privatleben, seine
Beliebtheit bei den Kollegen, seine Art zu überzeugen. Vielleicht stimmt
auch einfach die „Chemie" nicht: Die zwei können schlichtweg nicht
miteinander.

☐ *Angst.* Die wohl häufigste und gravierendste Ursache, die Vorgesetzte
zum Psychoterror verleitet, sind subtile Ängste – in vielen Facetten:

– *Angst vor Kontrollverlust.* Ein Vorgesetzter ist für den Arbeitseinsatz
 seiner Mitarbeiter, für die Leistung der gesamten Abteilung verantwortlich – und muß immer wieder fürchten, den Überblick zu verlieren. Vor allem dann, wenn er sich – wie viele Führungsspitzen – in einer
 menschlich isolierten Position fühlt. Noch bedrohlicher werden diese
 Ängste, wenn er mit dem passiven Widerstand einer Gruppe oder des
 gesamten Teams rechnen muß. Denn letztlich ist ihm klar: Wenn sich
 die Mitarbeiter in die innere Emigration zurückziehen oder sich offen
 gegen ihn verschwören, sind seine Tage gezählt.

– *Angst vor Überlegenheit.* Ein Untergebener, der viel weiß oder auch
 sehr kreativ und präsent ist, kann für einen Vorgesetzten eine wirkliche
 Bedrohung darstellen, vor allem wenn dieser schon älter und vom
 aktuellen Fachwissen entsprechend weit entfernt oder noch sehr jung
 und damit unerfahren ist. Die Angst, dem kompetenteren, besseren,
 ideenreicheren, spontaneren oder auch vitaleren Mitarbeiter früher
 oder später weichen zu müssen, kann dabei auch durchaus berechtigt
 sein.

– *Angst vor unausgesprochenen Gedanken.* In seinem Buch „Über den
 Umgang mit Vorgesetzten – Macht und Mut am Arbeitsplatz" (Köln,
 1992) schreibt Wolfram Kowalewsky: „Die tiefsten Ängste des Vorgesetzten aber betreffen die Frage, was der Mitarbeiter wirklich denkt,
 ob er mich durchschaut, was er über unsere Abteilung, unsere Arbeit
 und unseren ganzen ‚Laden' in Wirklichkeit meint." Die Sehnsucht

nach Anerkennung steckt in jedem Menschen, egal welcher Hierarchiestufe er angehört. Nach außen hin mag ihm die Achtung der anderen sicher sein, doch deren tatsächliche Meinung kann er nur ahnen. Wie werden seine Kompetenz, sein Führungsstil, seine menschlichen Qualitäten eingeschätzt? Ein Chef, der befürchtet, von einem oder mehreren Mitarbeitern insgeheim schlecht beurteilt, belächelt oder gar verachtet zu werden, ist dementsprechend stark verunsichert.

Kowalewsky empfiehlt, dem Vorgesetzten „angstmindernd" gegenüberzutreten, um sinnlose Auseinandersetzungen zu verhindern: „Das heißt natürlich nicht, daß wir vor dem Vorgesetzten auf Knien rutschen und ihn bitten und betteln sollen; das wäre ein absurder Irrtum, der jahrhundertelang geübt wurde. Angstfreier Umgang heißt ... mehr direktes Sprechen, Verminderung der Ungewißheit und bewußte Überwindung der eigenen Ängste."

Natürlich ist es ratsam, einen Konflikt mit dem Vorgesetzten zu besprechen und Kooperationsbereitschaft zu signalisieren, ohne sich dabei unterwürfig zu geben. Doch nicht immer wird man damit Erfolg haben. Bei einigen Chefs stößt man leider auf taube Ohren. Wie beispielsweise Katarina F. im zweiten Fallbeispiel. Dabei stecken hinter den Intrigen des Oberarztes mit großer Wahrscheinlichkeit unter anderem auch solche unterschwelligen Ängste – die engagierte Mitarbeiterin, die berechtigte Kritik übt und nicht bereit ist, sich bedingungslos unterzuordnen, stellt für ihn eine Bedrohung dar.

Sicherlich ließen sich noch eine Reihe von Ursachen aufzählen. Keines dieser aufgeführten Konfliktpotentiale kann dabei eine Entschuldigung für verletzendes oder gar zerstörerisches Verhalten sein. Deutlich wird allerdings: Ein Chef, der mobbt, stellt sich selbst ein Armutszeugnis aus. Denn er kann offensichtlich mit seinen Ängsten, Gefühlen, Zweifeln und Bedürfnissen nicht fair, vernünftig und sinnvoll umgehen – er kann letztlich mit seiner Macht nicht umgehen. Das Fatale daran: Dieses Versagen hat für den leidtragenden Untergebenen oft schwerwiegende Konsequenzen.

■ Die häufigsten Strategien   **112**

□ *Sisyphustaktik.* Dem Betroffenen werden mühevolle Arbeiten zuge-   **113**
wiesen, über deren Sinn er sich nicht im klaren ist oder die sogar erwie-
senermaßen überflüssig sind. Das Opfer weiß letztlich: Es arbeitet für
den Papierkorb.

□ *Unterforderung.* Der Leidtragende erhält Aufgaben zugewiesen, die
unter seiner Qualifikation und unter seinem Können liegen.

□ *Überforderung.* Die Umkehrung ist nicht weniger aufreibend. Der
Betroffene soll Arbeiten erledigen, an denen er scheitern *muß* – weil sie
seine Fähigkeiten, sein Fachwissen klar überschreiten.

□ *Achillesfersen-Methode.* Das Opfer muß prinzipiell die Aufgaben
erledigen, die ihm – wie in der Abteilung allgemein bekannt ist – am
schwersten fallen, die ihm vielleicht sogar zuwider sind. Auch wenn sich
andere Kollegen anbieten, weil ihnen diese Tätigkeit nichts ausmacht
oder sogar gefällt, bleibt der Chef hart. Beispiele: Die Redakteurin, die
gerade von ihrem Freund verlassen wurde, muß die Story über glückliche
Paare recherchieren. Die einzige Vegetarierin in der Großküche wird
ausschließlich für Fleischgerichte eingesetzt.

□ *Dauerkontrolle.* Tätigkeiten und Anwesenheit werden über den be-
triebsüblichen Rahmen hinaus kontrolliert. Auch die kleinsten Ergebnisse müssen dem Vorgesetzten unterbreitet werden, minimale Entscheidungen vorher abgesprochen werden. Jedes Telefongespräch muß bei der
Zentrale angemeldet werden. Diese Behandlungsweise entspricht einem
offenen Mißtrauensantrag und kommt vielfach auch einer teilweisen
beruflichen Entmündigung gleich.

□ *Überraschungsangriffe.* Entscheidungen, die ihn betreffen, werden
hinter dem Rücken des Leidtragenden gefällt. Das Opfer wird aus heiterem Himmel damit konfrontiert. Beispiel: Der Sachbearbeiter kommt aus
dem Urlaub zurück – sein Schreibtisch wurde inzwischen in ein anderes
Büro gestellt.

□ *Kompetenzbeschneidung.* Systematisch wird das bisherige Arbeitsge-
biet des Betroffenen beschnitten. Aufgaben, die er bislang erledigt hat,
werden anderen Kollegen übertragen – häufig ohne nähere Angabe von
Gründen.

□ *Isolierung.* Der Mitarbeiter wird über wichtige Änderungen nicht
mehr informiert, von Besprechungen ausgeschlossen, auf seine Meinung

wird keinerlei Wert mehr gelegt. Unter Umständen isoliert man das Opfer auch räumlich, indem man ihm ein abgelegenes Arbeitszimmer zuweist, das keinerlei Kontakt mit Kollegen zuläßt.

☐ *Angriffe auf die Gesundheit.* Das Opfer wird zu gesundheitsschädlichen Arbeiten gezwungen. Beispiel: Trotz Rückenproblemen wird der Betroffene immer für die schwersten Transporte eingesetzt.

☐ *Anspielungen auf die psychische Verfassung.* Dem Opfer werden psychische Krankheiten oder psychiatrische Störungen unterstellt. Jede Reaktion des Betroffenen wird als weiteres Symptom und als Bestätigung der Unterstellung umgemünzt.

Welche Auswirkungen Mobbing-Attacken dieser Art für den Betroffenen haben, läßt sich erahnen. Zu sämtlichen Belastungen und möglichen Folgen, die durch den Psychoterror auf gleicher Ebene entstehen, kommt in diesen Fällen noch die „Chefkomponente" hinzu: Den Attacken des Chefs fühlt man sich eben in der Regel noch hilfloser ausgeliefert als den Schikanen der Kollegen.

Denn der Vorgesetzte hat ja tatsächlich oft erhebliche Machtbefugnisse, und unter Umständen sind ihm Verstöße kaum oder gar nicht nachzuweisen. Wenn er beispielsweise die Mitarbeiter schlecht informiert, in wichtigen Fragen schweigt, Informationen zurückhält oder gar verändert – dann ist das zwar ein massives Fehlverhalten, doch ein Regelverstoß ist ihm meist schwer nachzuweisen. Oder wenn er einen Untergebenen kontrolliert, dann kann er das sogar als seine Pflicht auslegen.

Wer als Opfer kein starkes Team hinter sich hat, das sich mit einem solidarisiert, hat schlechte Karten in einem brutalen Spiel, das von ungleichen Machtverhältnissen bestimmt wird. Dennoch: Je früher das Opfer die Initiative ergreift, um so besser. Gibt es eine Chance, den mächtigeren Vorgesetzten umzustimmen oder gar auszubooten, dann sollte man sie natürlich nutzen. Gibt es keine, ist es von Vorteil, wenn man rasch die Konsequenzen ziehen und die Weichen wieder in Richtung Zukunft stellen kann. Der Preis für einen jahrelangen Zermürbungskampf ist oft zu hoch. Dennoch gibt es immer wieder Menschen, die ihn durchstehen und versichern, sie hätten davon profitiert. Ein Patentrezept kann es nicht geben: Manche Menschen zerbrechen an Krisen und Schicksalsschlägen, andere wachsen daran.

Kaltstellen und Abschieben – die Endphase

Ob nach Monaten oder gar Jahren – wenn der Mobbing-Prozeß nicht rechtzeitig unterbrochen wurde, wird der „Fall" irgendwann offiziell. Der Arbeitgeber wird aufmerksam, häufig auch der Betriebsrat. Es läßt sich nicht mehr verbergen, daß etwas nicht stimmt. Der Betroffene fehlt meist häufig, bringt nicht mehr die gewohnte Leistung, die Beschwerden häufen sich, sein Verhalten ist ungewohnt, vielleicht besonders aggressiv, vielleicht auch extrem introvertiert – auf jeden Fall ist das Opfer in irgendeiner Weise auffällig geworden. Häufig verbessert das die Situation für den Leidtragenden ganz und gar nicht. Im Gegenteil. Er wird als Unruheherd oder lästige Bürde empfunden. Ob der Vorgesetzte der Drahtzieher war, ein Kollege oder eine ganze Gruppe – in dieser Phase spielt es für das Opfer eigentlich keine Rolle mehr.

Denn die Firmenleitung fragt häufig nicht: Wieso ist dieser Mitarbeiter psychisch und physisch angegriffen? Wer hat das zu verantworten? Die entscheidende Frage lautet nur allzu oft: Wie werden wir den am besten los? In diesem Zusammenhang schlägt man unter anderem üblicherweise folgende „Wege" ein.

☐ *Kündigung*. Der klassische Weg, um einen Mitarbeiter loszuwerden. Aber natürlich geht das nicht ohne weiteres, der Arbeitgeber muß in der Regel schon hieb- und stichfeste Gründe haben, um ein Arbeitsverhältnis abzubrechen.

Bei einer *fristlosen* Kündigung beispielsweise muß man sich schweres Fehlverhalten geleistet haben. Beispiele: Wiederholte Arbeitsverweigerung, Beleidigungen des Vorgesetzten, Unterschlagungen, Beschädigungen oder das Ausplaudern von Betriebsgeheimnissen.

Eine *fristgerechte* Kündigung muß ein Mobbing-Opfer allerdings eher befürchten. Wenn ein Mitarbeiter häufig ausfällt und nur schwer eine Aushilfe zu finden ist, kann das unter Umständen schon genügen. Auch mangelhafte Arbeitsleistung kann zur Begründung für eine solche „personenbedingte" Kündigung herangezogen werden.

Noch leichter hat es der Arbeitgeber, wenn er ohnehin aus Rationalisierungsgründen Mitarbeiter entlassen muß. Die Kündigung ist dann „betriebsbedingt". Das Thema Mobbing kann somit vollkommen unter den Tisch fallen.

Sieht der Arbeitgeber keine Möglichkeit, einem unliebsamen Mitarbeiter problemlos zu kündigen, ist er damit allerdings mit seinem Latein noch lange nicht am Ende.

☐ *Abfindungen.* Dadurch versuchen viele Chefs, einem Mitarbeiter die Kündigung schmackhaft zu machen. Und wer ohnehin schon in die Enge getrieben ist, greift auch oft vorschnell zu und läßt sich mit zu geringen Summen abspeisen. In der Regel stehen einem Arbeitnehmer für jedes Jahr seiner Betriebszugehörigkeit mindestens ein Bruttogehalt (ein Zwölftel des gesamten Jahreseinkommens) zu.

☐ *Abmahnungen.* Schon unter normalen Umständen ist es gar nicht so schwer, einem Arbeitnehmer ein Fehlverhalten nachzuweisen. Um so einfacher ist es, wenn der Betroffene ohnehin schon angeschlagen ist. Ihm unterlaufen schneller Fehler und Versäumnisse, außerdem hat er meist resigniert oder nicht mehr die Kraft, gegen ungerechtfertigte Abmahnungen vorzugehen.

☐ *„Einzelzelle".* Uta R., eine Betroffene, wurde auf diesem Weg kaltgestellt. Ihr Büro, sechs Quadratmeter, ist am Ende eines langes Ganges, in den angrenzenden Räumen ist Verpackungsmaterial und ähnliches gelagert. „Hierhin verirrt sich normalerweise niemand, und meine früheren Kolleginnen haben Anweisung, mich nicht zu stören." Nur wobei? Denn sinnvolle Arbeit hat Uta schon seit Monaten nicht mehr, manchmal bekommt sie einen Stapel alter Akten. Wenn die alleinerziehende Mutter gegen 17 Uhr die Firma verläßt, so sagt sie, fühlt sie sich wie ein Häftling auf Freigang. „Um mich schließt sich ein unsichtbarer dicker Panzer oder eine Rinde, die sich erst langsam lockert, wenn ich wieder unter Menschen bin." Kündigung? „Das kann ich mir nicht leisten. Zuerst muß ich eine neue Stelle finden." Daß eine solche Isolationstaktik auf Dauer psychosoziale Folgen nach sich ziehen kann, steht außer Frage.

☐ *Versetzungen.* Mit Sicherheit kann eine Versetzung, die von beiden Seiten gewollt wird, eine gute Lösung auch für den Betroffenen sein. Manchmal allerdings geschieht dies auch, um das Opfer endgültig weichzukochen. Es wird von Abteilung zu Abteilung gereicht, nirgends hat **116** man Verwendung für den unliebsamen Mitarbeiter. Man hofft auf Eigen- **117** kündigung und spart auf diesem Wege noch die Abfindung.

Darüber hinaus gibt es noch viele weitere Formen des Kaltstellens. Immer mehr Menschen werden auch aufgrund psychischer Erkrankungen in den vorzeitigen Ruhestand versetzt. Der Mobbing-Forscher Heinz Leymann ist in seinen Untersuchungen darüber hinaus auf eine Ausschlußtaktik gestoßen, die an einen Horrorfilm erinnert: Es wird angedroht oder sogar tatsächlich versucht, eine „lästige" Krankenschwester oder einen „widerspenstigen" Arzt in die Psychiatrie einweisen zu lassen. Diese makabren Einzelfälle, die in Kliniken beobachtet wurden, zeugen von brutaler Berechnung. Denn gelingt es tatsächlich, das Opfer in die Psychiatrie einzuweisen, so erklärt Leymann in seinem Buch „Mobbing" (Reinbek, 1993), „dann hat man gleichsam eine offizielle Beglaubigung dafür, daß es eigentlich der (schon) kranke Mensch war, dem man den ganzen Ärger zu verdanken hatte." Natürlich ist allein schon die Androhung einer solchen Maßnahme rechtswidrig. Dennoch scheint das einige besonders skrupellose Mobbing-Täter nicht abzuschrecken. Leymann berichtet unter anderem von einem österreichischen Klinikarzt, der nach langen Querelen mit Krankenschwestern und Kollegen unter Depressionen litt. Auf Anordnung eines hochgestellten Arztes wurde er schließlich in die geschlossene Abteilung einer Nervenheilanstalt eingeliefert. Schauermärchen, möchte man glauben, doch die Realität übertrifft offenbar immer wieder die Phantasie mancher Gruselspezialisten.

Typologie der gefährlichsten Chefs

Kompetent und charmant soll er sein, kooperativ, aufgeschlossen, diskussionsfreudig und natürlich fair, mit Teamgeist und offen für neue Ideen ... Natürlich kann man sich den Boß nicht nach eigenen Idealvorstellungen aussuchen – aber man kann sich auf seine Persönlichkeit einstellen. Wenn Sie wissen, mit wem Sie es zu tun haben, können Sie auch manchem Konflikt vorbeugen und Reibereien vermeiden, die unter Umständen böse Folgen nach sich ziehen. Cheftypen, bei denen Vorsicht geboten ist – und wie man am besten mit ihnen fährt.

■ Der schweigsame Eigenbrötler

Tüftelt am liebsten im stillen Kämmerlein vor sich hin, beschränkt den Kontakt zu seiner Abteilung auf das absolute Minimum. Er mag ein exzellenter Fachmann sein (deshalb hat er den Posten in der Regel bekommen) – von Mitarbeiterführung versteht er allerdings meist nichts. Der Schweigsame kann weder motivieren noch delegieren und will am liebsten in Ruhe gelassen werden. Aufgrund von Untersuchungen sind viele Arbeitspsychologen der Ansicht, daß dieser Typus Boß Gift für das Betriebsklima ist: Bei einem brüllenden Chef beispielsweise wissen die Mitarbeiter wenigstens, woran sie sind – ein Chef, der schweigt, verunsichert hingegen enorm. Gerade in Zeiten wirtschaftlicher Probleme empfinden die Untergebenen Geheimniskrämerei und undurchsichtige Entscheidungen als Bedrohung. Verunsicherung führt nicht selten zu Konflikten innerhalb des Teams. Und das kann sich um so fataler auswirken, da der Eigenbrötler in der Regel nicht eingreift.

□ *Deshalb:* Bringen Sie im Arbeitsalltag Vorschläge möglichst klar und nüchtern vor. Die beste Art, ihm zu imponieren, ist fachliche Leistung. Von ihm gemobbt zu werden, ist kaum zu befürchten: Dafür ist er in der Regel viel zu sehr mit sich selbst beschäftigt. Aber durch seine passive Haltung und seine (unbewußte) Geheimniskrämerei bereitet er Mobbing indirekt den Boden. Tauchen im Team Konflikte auf, sollten Sie ihn natürlich darauf hinweisen. Allerdings müssen Sie damit rechnen, daß er

davon nichts hören will: Was hat er schließlich damit zu tun, wenn die **118**
Kollegen nicht miteinander klarkommen? Am ehesten leuchtet ihm das **119**
Argument ein, die Querelen würden auf Kosten der Arbeitseffektivität
gehen und in nächster Zukunft noch größere Probleme nach sich ziehen ... Läßt er sich dennoch nicht überzeugen, sinnvoll einzugreifen, hilft
nur eines: eine andere wichtige Instanz in der Firma einschalten.

■ Der Unnahbare

Verhält sich ähnlich wie der Eigenbrötler – nur mit einem gravierenden
Unterschied: Seine Ignoranz gegenüber den Mitarbeitern resultiert aus
einem Eliteverständnis. Er ist sich schlichtweg zu fein und zu arrogant,
um sich allzu viel mit Untergebenen abzugeben.

□ *Deshalb:* Der richtige Umgang mit ihm ist eine anstrengende Gratwanderung: Einerseits sollten Sie sich keinesfalls kleinmachen vor ihm
(denn Persönlichkeiten schätzt er, alle anderen verachtet er), andererseits
dürfen Sie dabei nicht so weit gehen, daß er sich in seiner Eitelkeit verletzt
fühlt. Denn dann schlägt er unter Umständen einen Kurs ein, der schnell
in Psychoterror ausartet. Entstehen Probleme im Team oder mit ihm,
empfiehlt es sich, ihn bei seinem Stolz zu packen. Tenor: „Sie wissen,
wieviel ich von Ihnen halte. Ich bin mir sicher, daß Sie mit Ihren Fähigkeiten eine sinnvolle Lösung finden."

■ Der autoritäre Polterer

Er weiß, wer der Boß ist, und zeigt allen, wo es langgeht. Dabei nimmt
er meist kein Blatt vor den Mund, sagt unbeirrt und häufig lautstark seine
Meinung. Längst nicht immer ist dieser Typus Chef wirklich so selbstbewußt wie sein Auftreten, unter Umständen tarnt er Unsicherheit hinter
starken Worten oder gar militärischem Führungsstil. In der Regel ist er
nicht unbeliebt – er vermittelt Sicherheit, jeder weiß, woran er ist.

□ *Deshalb:* Wer sich von ihm zum Opfer machen läßt, hat schlechte
Karten. Er schätzt Sachlichkeit und Selbstbewußtsein, solange seine
Machtposition nicht in Frage gestellt wird. Der größte Fehler im Umgang
mit ihm: sich einschüchtern lassen, Gefühle zeigen, seine Attacken persönlich nehmen. Wenn Sie sich von ihm nicht ärgern lassen, sondern
zuerst seine Vorwürfe gelassen hinnehmen und dann cool argumentieren,
schaffen Sie sich eine sichere Position. Mit einem Gewitter ab und zu

müssen Sie vermutlich weiterhin rechnen, aber die Gefahr, zum auserwählten Daueropfer zu werden, ist gebannt.

■ Der Zauderer

Soll ich heute – oder lieber morgen? Oder besser gar nicht? Entscheidungen sind nicht seine Sache. Im Gegenteil: Er schiebt jede noch so belanglose Angelegenheit auf die lange Bank, nur aus Angst, irgend etwas falsch zu machen. Sein Führungsstil ist – wenn man ihn überhaupt als solchen bezeichnen kann – reichlich chaotisch. Klar: Er ist unsicher, mit seinem Posten hoffnungslos überfordert. Zum aktiven Mobber wird er aller Voraussicht nach aus eigener Initiative kaum werden. Aber er wird aufkeimende Mobbing-Aktivitäten auch nicht unterbinden. Insofern bietet er einen gefährlichen Nährboden für Psychoterror.

□ *Deshalb:* Nehmen Sie ihm Entscheidungen ab, soweit es irgendwie vertretbar ist, schlagen Sie ihm immer nur einen Weg vor, keinesfalls eine Alternative – und vermitteln Sie ihm gleichzeitig das Gefühl, diesen tollen Entschluß selbst getroffen zu haben. Denn Anerkennung und Loyalität braucht der unsichere Chef mehr als alles andere. Vielleicht steigt dadurch sein Selbstbewußtsein, in jedem Fall wird er Sie als fähige Mitarbeiterin schätzen. Das kann entscheidend sein, wenn sich an irgendeiner Stelle Mobbing anbahnt. Denn dann liegt es zum großen Teil in Ihrer Hand, ob und wie ein Konflikt gelöst wird. Wagt es der Zauderer trotzdem nicht einzugreifen, sollte allerdings eine entscheidungsfreudigere Instanz eingeschaltet werden.

■ Der Launische

Gerade war er noch bester Dinge, zwei Stunden später ist er nicht mehr ansprechbar. Gestern lobte er Sie noch über den grünen Klee, heute überhäuft er Sie wutentbrannt mit Vorwürfen. Ständig ändert er seine Marschrichtung, kippt Entscheidungen am laufenden Band, sorgt für Chaos, kurz: Er ist unberechenbar. Und das kann gefährlich werden. Erstens leidet das Team unter permanenter Verwirrung – und neigt deshalb leicht zu Grüppchenbildung und/oder versucht, den zwangsläufig entstehenden Frust an einem Mitarbeiter auszulassen. Zweitens ist Launenhaftigkeit ein Anzeichen für tiefe Unzufriedenheit und Selbstzweifel. Unter Umständen genügt ein kleiner Vorfall – und der unbere-

chenbare Chef läßt seine Launen fortan ungefiltert an einem Sündenbock **120**
aus. Zwischendurch mag sich die Situation zwar wieder entspannen, aber **121**
sobald der Boß wieder schlechter Stimmung ist und mit sich selbst nicht
klarkommt, wird er sich seines Lieblingsopfers erinnern.

☐ *Deshalb:* Um mit diesem Chef auszukommen, bedarf es diplomatischen Geschicks – und leider auch einer Portion Selbstüberwindung.
Dazu gehört: Halten Sie sich möglichst zurück, wenn es kracht, schlukken Sie Ihren Ärger kurzfristig runter, wenn er Ihnen die Hölle heißmacht. Versuchen Sie, innerlich über ihn zu lachen, und nehmen Sie seine
Angriffe auf keinen Fall persönlich. Warten Sie mit Ihrer Kritik und
Gegenvorschlägen, bis sich seine schlechte Laune wieder gelegt hat. Das
gilt natürlich auch für Konflikte: Sprechen Sie ihn darauf an, wenn er
gelassen ist. Dann können Sie auch durchaus sagen, was Ihnen nicht paßt.
In der Regel hat er dann für Kompromisse ein offenes Ohr. Und gönnen
Sie ihm ab und zu einen kleinen Triumph, indem Sie ihm zu einem
Vorschlag ein Kompliment machen. Damit erreichen Sie zum einen, daß
er eher bei einer Entscheidung bleibt. Außerdem besänftigen solche
Streicheleinheiten sein Ego.

■ Der Selbstdarsteller

Mein Gott, ist der Typ wichtig! Ständig unter Strom, jagt er von Termin
zu Termin, diesen „Deal" muß er noch abwickeln, jenes muß er noch
„managen". Neben seinem selbstverordneten Streßprogramm bleibt ihm
aber immer noch Zeit, um sich selbst vor versammelter Mannschaft auf
die Schulter zu klopfen. Denn schließlich ist er nicht nur unentbehrlich,
sondern einfach der Beste! Ein Weltmeister – in Sachen Profilneurose.
Die Gefahr: Eine gute Idee ist vor ihm nicht sicher, denn er schmückt sich
gerne mit fremden Federn. Und Erfolge hat ohnehin nur er – für Mißerfolge macht er in der Regel andere verantwortlich.

☐ *Deshalb:* Machen Sie vor ihm erstmal gute Miene zum bösen Spiel.
Zeigen Sie nicht offen Ihre Zweifel an seiner tatsächlichen Leistung –
ansonsten bekommt er es nämlich mit der Angst zu tun und setzt alle
Hebel in Bewegung, um Sie an höherer Stelle anzuschwärzen. Ein Selbstdarsteller kennt oft keine Skrupel, wenn es um sein Ego geht. Sehen Sie
sich deshalb vor, das heißt: Besprechen Sie möglichst wenig unter vier
Augen mit ihm, sondern achten Sie darauf, daß Kollegen dabei sind – egal

ob es sich um eine wichtige Absprache handelt oder ob Sie einen guten Vorschlag haben. Wenn es sich nicht vermeiden läßt, mit dem Chef allein zu sprechen: Notieren Sie Stichpunkte des Gesprächsverlaufs (mit Datum!), und überreichen Sie ihm eine Kopie. Deklarieren Sie es als „Basispapier" oder „Arbeitsgrundlage" – Hauptsache, es klingt bedeutend. Selbstdarsteller nehmen solche „Unterlagen" gerne entgegen, schließlich unterstreicht es ihre Wichtigkeit – und Sie haben etwas in der Hand, wenn es einmal hart auf hart kommt.

Zugegeben, unter einem schwierigen Chef zu arbeiten kann äußerst anstrengend sein. Allzu gerne würde man am liebsten manchmal sämtliche taktischen Verhaltensweisen über Bord werfen und dem Menschen unverblümt die Meinung sagen. Und das kann man natürlich auch – doch vorher sollte man sich in Ruhe eine Frage beantworten: Schade ich ihm damit – oder eher mir? Mit offenen Gefühlsausbrüchen verletzt man den Chef vielleicht im ersten Moment, aber die langfristigen Folgen muß man häufig selbst ausbaden.

Also Anpassung um jeden Preis? Keineswegs. Es geht nicht darum, dem Vorgesetzten nach dem Mund zu reden oder sich ihm sogar bedingungslos unterzuordnen. Aber solange er am Drücker sitzt, muß man sich mit ihm arrangieren können. Nicht ihm, sondern sich selbst zuliebe. Diplomatie und Einfühlungsvermögen auch einem gefährlichen Chef gegenüber sind nicht nur ein notwendiges Übel. Betrachten Sie es als gutes Training, denn damit kann man weit kommen – im Beruf ebenso wie im Privatleben.

6. KAPITEL
Hilfe für
Mobbing-Opfer

Flüchten oder standhalten?

Auf Mobbing reagieren

Der Psychoterror trifft die Opfer oft unvorbereitet. „Es war wie ein Blitz aus heiterem Himmel", so beschreibt es eine Betroffene, „und ich war am Anfang auch tatsächlich wie vom Donner gerührt und stand dem Ganzen fassungslos, fast ohnmächtig gegenüber." Andere wiederum sahen zwar dunkle Wolken aufziehen, versuchten sich aber mit der Hoffnung zu beruhigen, die angeheizte Atmosphäre würde sich nicht über ihnen entladen. Doch Mobbing läßt sich leider nur sehr bedingt mit einem Gewitter vergleichen: Die Betroffenen hoffen in der Regel vergebens, daß sich das Unwetter nach kurzer Zeit wieder verzieht. Im Gegenteil: Je länger man ängstlich verharrt, um so bedrohlicher wird die Situation. Irgendwann, nach Wochen oder nach Monaten, kommt insgeheim fast jeder zur Überzeugung: So kann es nicht weitergehen. Doch gleichzeitig stellt man sich Fragen: Wie kann ich mir selbst helfen oder auch helfen lassen? Kann ich überhaupt etwas dagegen machen, oder bin ich dem Geschehen letztlich völlig hilflos ausgeliefert?

Auffällig ist, daß Frauen auf der Suche nach einem Ausweg die Hilfe anderer offenbar stärker in Anspruch nehmen: Sie besuchen häufiger Gesprächskreise, holen sich Rat bei Ärzten, sind eher bereit, offen über ihre Probleme mit Kollegen oder Vorgesetzten zu sprechen. Ein Hinweis dafür, daß sie mehr von Mobbing betroffen sind als Männer? Manche Experten vermuten, daß es in Deutschland tatsächlich mehr weibliche als männliche Mobbing-Opfer gibt. Doch solange hierzulande keine verläßlichen Untersuchungen gemacht werden, bleibt es nur bei Mutmaßungen. Was sicherlich eine Rolle spielt: Betroffene Frauen haben häufig weniger soziale Unterstützung, zum Beispiel in der Familie, als Männer. Der wohl wichtigste Grund, warum man häufiger auf weibliche Opfer trifft: Experten weisen immer wieder darauf hin, daß Frauen auf den Psychoterror am Arbeitsplatz besser und früher reagieren. Der Hamburger Internist Jürgen Ebeling weiß aufgrund seiner langjährigen Erfahrung mit Mobbing-Patienten, von denen 80 Prozent Frauen sind: „Frauen verhalten sich in der Regel klüger. Sie machen sich die Ursachen und Zusammenhänge psychosomatischer Erkrankungen aufgrund von Mob-

bing bewußter, reden offener." Männer neigen offenbar dazu, den Psy- **124**
choterror zu verdrängen oder herunterzuspielen. Das offene Eingeständ- **125**
nis, gemobbt zu werden, fällt ihnen vielfach auch dann schwer, wenn
bereits ernsthafte Erkrankungen eingetreten sind. „Vor allem Männer",
so Ebeling, „empfinden Mobbing oft als persönliche Niederlage." Doch
gerade damit schaden sie sich selbst ganz enorm und versperren sich den
Weg nach einer möglichst sinnvollen Lösung.
Ob Ärzte, Psychologen oder Anwälte – die Experten empfehlen, bei
Mobbing möglichst schnell aktiv zu werden. Auf welche Weise – das ist
stark von der individuellen Situation, der persönlichen Verfassung und
nicht zuletzt davon abhängig, wie weit der Mobbing-Prozeß schon
fortgeschritten ist. Wie aus den vorhergegangenen Kapiteln hervorging,
ist es längst nicht immer möglich, den Verlauf des Psychoterrors selbst
zu stoppen. Meist gelingt das nur durch Unterstützung anderer, in vielen
Fällen bleibt tatsächlich nur der geordnete Rückzug: die Kündigung.
Das folgende Kapitel will wichtige Möglichkeiten aufzeigen, die Betroffene in diesem unfairen Kampf haben. Dabei geht es auch darum, Fehler
zu vermeiden, die in dieser Belastungssituation nur allzu rasch passieren.
Wer die Chancen und die Fallen kennt, hat eine gute Ausgangsposition –
damit die Psychobelastung Mobbing nicht zu langwierigen, vielleicht
lebenslänglichen Verletzungen und Nachteilen führt.
Wichtige Anlaufstellen, die Betroffenen Hilfe bieten, können Sie dem
Anhang entnehmen.

Wenn noch Chancen bestehen

Gibt es noch Chancen für eine gütliche Einigung? Diese Frage muß sich der Betroffene in der Regel selbst beantworten. Außenstehende können meist nur beratend zur Seite stehen – ähnlich wie im Privatleben: Ob eine angeknackste Beziehung noch zu retten oder bereits hoffnungslos zerrüttet ist, können nur die beiden Partner entscheiden. Wenn man im Zweifel ist, ob es noch Sinn hat, gilt im Berufsleben wie in der Liebe: Ausprobieren, vielleicht lohnt sich der Versuch. Allerdings sollte man sich bei einem solchen Lösungsversuch insgeheim Fristen setzen und dann auch möglichst rasch die Konsequenzen ziehen, wenn es nicht klappt. Ansonsten gerät der Psychoterror tatsächlich zum Schrecken ohne Ende, der nicht nur Zeit kostet, sondern auch die persönlichen Energiereserven restlos plündert.

In den letzten drei Kapiteln wurden bereits Tips gegeben, die auf die jeweilige Mobbing-Situation zugeschnitten sind. Darüber hinaus gibt es allerdings eine Reihe von Verhaltensweisen und Lösungsansätzen, die generell für den Psychoterror am Arbeitsplatz gelten.

■ Wie man sich selbst helfen kann

Vor allem im Anfangsstadium von Mobbing-Prozessen gibt es für die Betroffenen selbst noch eine Reihe von Möglichkeiten.

☐ *Konflikte sinnvoll anpacken.* Konflikte zu lösen – das lernen wir von unserer Kindheit an. Mehr oder weniger gut. Allgemein läßt sich eine bedrohliche Tendenz beobachten: Immer mehr Menschen neigen zu einer aggressiven Form der Auseinandersetzung, die der friedlichen Lösung eines Konflikts im Wege steht. Der Hamburger Sozialsekretär Udo Möckel vom Kirchlichen Dienst in der Arbeitswelt (KDA) beschäftigt sich seit 15 Jahren mit der Konfliktbearbeitung am Arbeitsplatz. Seine Erfahrung: „Gemobbte geraten allzu schnell in eine Opferhaltung hinein. In ihrer Verzweiflung sehnen sie sich nach dem großen Vater, der einschreitet, nach der guten Mutter, die eine Lösung findet." Doch diese passive Haltung wirkt nur wie eine Barrikade, die sich vor einem möglichen Ausweg aus dem Psychoterror aufbaut.

Udo Möckel baut auf eine „faire Streitkultur". Er ermuntert Mobbing- **126**
Betroffene, die ihn um Hilfe bitten, sich weder als hilfloses Opfer zu **127**
betrachten noch die Schuld allein bei sich zu suchen: „Tatsache ist: Ich
bin in einen Konflikt involviert. Der beste Weg ist, sich als Mitgestalter
dieser Umstände zu begreifen." Und dementsprechend aktiv zu werden.
Möckel empfiehlt ein 3-Stufen-Konfliktlösungsmodell, das mit Hilfe
eines einfühlsamen Vermittlers, den beide Parteien akzeptieren, zu einer
Einigung führen soll:
1. **Den Konflikt benennen.** Wer hat welche Unstimmigkeiten mit wem?
Wo liegt die Ursache dafür? Beispiel: Marie K., eine alleinerziehende
Mutter, arbeitet in einer Poststelle. Sobald eine Mitarbeiterin fehlt, wird
der Streß für alle Beteiligten zur Extrembelastung. Die Folge: Die Mitarbeiterinnen suchen sich ihren Sündenbock – Marie, die häufiger zu spät
kommt oder fehlt als die anderen, gerät in diese Rolle. Marie hat nun
mehrere Möglichkeiten: Sie kann versuchen, die Situation auszuhalten,
was ihr auf Dauer nicht gelingen wird. Sie kann versuchen, den Ärger der
anderen auf ein neues Opfer zu lenken, was unfair wäre und den eigentlichen Konflikt keineswegs bereinigen würde. Sie kann aber auch – und
das ist sicherlich der beste Weg – den Konflikt benennen nach dem Motto:
Das Problem zwischen uns liegt weder bei mir noch bei euch, sondern in
der ständigen Überlastung. Laßt uns doch *dagegen* etwas gemeinsam
unternehmen!
2. **Konflikt bearbeiten.** Gemeinsam mit einem Schlichter (das könnte in
Maries Fall beispielsweise der Betriebsrat sein) sollte das Problem be-
sprochen und Lösungsvorschläge erarbeitet werden. In einem „Brain-
storming" werden sämtliche Vorschläge, die die Unstimmigkeit beseiti-
gen könnten, notiert und anschließend diskutiert.
3. **Konflikt bereinigen.** Eine Entscheidung muß getroffen werden, mit
der sich alle Beteiligten anfreunden können. Das läuft in der Regel auf
einen Kompromiß hinaus. In Maries Fall hieße das, die Beteiligten schlagen dem Arbeitgeber eine Teillösung vor: Immer wenn jemand in der
Poststelle ausfällt, muß von außen Unterstützung kommen. Eine Ex-
tremforderung nach dem Motto „Wir brauchen zwei weitere Mitarbeiterinnen" würde auf Unverständnis stoßen und schafft meist nur neuen
Unmut – der Arbeitgeber wird das Anliegen als maßlos zurückweisen
und gar nichts unternehmen.

Natürlich gibt es keinerlei Garantie dafür, daß ein Konflikt auf diese Weise tatsächlich gelöst werden kann. Unter Umständen appelliert Marie vergeblich an die Solidarität ihrer Kolleginnen. Vielleicht schaltet der Arbeitgeber auf stur, stimmt auch keiner Teillösung zu und läßt den Konflikt dadurch weiter schwelen. Aber andererseits: Was hat Marie zu verlieren? Der Versuch, ein Problem fair und offen zu lösen, kann ihr kaum weitere Nachteile bringen, sondern in der Regel nur Vorteile. Er verschafft ihr in jedem Fall Gewißheit: Durch aktives Handeln in dieser Weise wird klar, ob eine gütliche Einigung möglich ist oder ob sie um eine Versetzung bitten oder gar kündigen soll. Und dann gilt eben auch: Je früher die Weichen neu gestellt werden, um so besser.

☐ *Versöhnen.* Einen Konflikt zu lösen ist die Grundvoraussetzung für einen wirklichen Neubeginn. Allerdings ist die Auseinandersetzung erst dann restlos aus der Welt geschafft, wenn es den beiden Parteien gelingt, sich miteinander zu versöhnen. Manche Mißverständnisse und Streits, die gefährlich eskalieren können, lassen sich sogar im Vorfeld verhindern, wenn einer der Beteiligten dem anderen rechtzeitig die Hand zur Versöhnung reicht. Wieso aber sollte ein Mobbing-Opfer über seinen Schatten springen, wenn es sich ohnehin ungerecht behandelt fühlt? Schließlich wäre es doch vielmehr angebracht, der andere würde um Verzeihung bitten ...
Natürlich wäre das wünschenswert. In der Realität ist es allerdings häufig nicht so. Unter Umständen fühlt sich auch der Angreifer im Recht – und wartet seinerseits auf eine versöhnliche Geste. Die Folge: Keiner unternimmt den ersten Schritt, die Fronten verhärten sich weiter.
Einem anderen zu verzeihen, sich versöhnlich zu zeigen, ist kein Schuldeingeständnis und auch kein Zeichen von Schwäche. Im Gegenteil: Ein solches Verhalten zeugt von Stärke und fördert das eigene Wohlbefinden. Wie der Psychologie-Professor und Psychotherapeut Reinhard Tausch in seinem Beitrag „Verzeihen: Die doppelte Wohltat" in der Zeitschrift „Psychologie heute" (4/93) belegt, führen nachtragendes Verhalten und Unversöhnlichkeit zu schweren seelischen Belastungen, zu Verbitterung, Enttäuschung und anderen negativen Gefühlen. Wer anderen also vergibt, entlastet nicht nur den „Gegner", sondern auch sich selbst. Vergebenkönnen ist dabei keine angeborene Gabe, sondern vielmehr ein Lern-

prozeß. Tausch stützt sich bei seinen Ausführungen auf eine empirische **128**
Untersuchung. Im Rahmen dieser Studie gaben 81 Prozent der Befragten **129**
an, sie hätten Vergeben im Laufe ihres Lebens gelernt: über das positive
oder auch abschreckende Vorbild der Eltern beispielsweise, in Gesprächen mit einfühlsamen Personen oder auch durch persönliche Erfahrungen, die ihnen die positiven Auswirkungen dieses Verhaltens vor Augen
geführt hätten. Auch das Einfühlungsvermögen spielt hierbei eine Rolle:
Wer sich in einen anderen Menschen hineinversetzen kann, hat es leichter,
dessen Beweggründe zu verstehen und sich als versöhnlicher Gegenpart
zu erweisen.

Friedensangebote müssen dabei nicht zwangsläufig verbal ablaufen. Die
Bereitschaft zur Versöhnung läßt sich auf verschiedene Art signalisieren
– vom Lächeln bis zum freundlichen Vorschlag, den ehemaligen Gegner
in einer schwierigen Angelegenheit zu unterstützen.

☐ *Familie und Freunde.* Die soziale Unterstützung im Privatleben ist für
Mobbing-Betroffene von großer Bedeutung. Familie und Freunde können das Selbstvertrauen stützen, sie können entlastend wirken, indem sie
ein offenes Ohr für die Sorgen des Betroffenen haben, sie können Ratschläge geben. Leider geschieht es immer wieder, daß diese Energiequelle
nicht oder falsch genutzt wird. Deshalb sollten folgende Regeln nicht
außer acht gelassen werden:
– *Sprechen Sie über Ihre Probleme.* Wie bereits ausgeführt, neigen vor
allem Männer, aber auch Frauen dazu, ihren Frust mit sich selbst
ausmachen zu wollen. Das kann in zweierlei Hinsicht schwerwiegende
Folgen haben:
1. Wer Probleme in sich hineinfrißt, erstickt irgendwann daran. Eine
mögliche Lösung rückt immer weiter in die Ferne.
2. Wer belastet, vielleicht bereits depressiv ist, verhält sich anders als
ein ausgeglichener Mensch. Seine unmittelbare Umwelt kann allerdings nur dann mit Verständnis reagieren, wenn sie die Ursache für
Niedergeschlagenheit oder auch Gereiztheit kennt. Wird der Psychoterror am Arbeitsplatz vor dem Partner und vor Freunden herunter-
gespielt oder gar verheimlicht, kommt es schnell zu Mißverständnissen.
Schlimmstenfalls ziehen sich Freunde oder auch Familienmitglieder
frustriert und verletzt zurück.

– *Hören Sie Ihren privaten Ansprechpartnern zu.* Einen Zuhörer zu haben ist wichtig. Aber dabei sollte es nicht bleiben. Ein Ansprechpartner kann auch ein entscheidendes Korrektiv sein. Er kann unter Umständen als Außenstehender die Situation objektiver betrachten, relativieren, er kann Ratschläge geben, aber auch Kritik äußern. Natürlich fühlt man sich im ersten Moment verletzt, wenn der Partner bei allem Verständnis beispielsweise einwirft: „Ich habe den Eindruck, du hast in diesem Punkt etwas überreagiert!" Andererseits bringt es nichts, diese Kritik einfach beleidigt vom Tisch zu fegen nach dem Motto „Jetzt hilfst du auch noch denen!". Es ist wesentlich sinnvoller, die ehrliche Meinung von Vertrauenspersonen als Anregung zu verstehen und gemeinsam zu überlegen, wie man beim nächsten Mal vielleicht besser reagieren könnte.

– *Vergessen Sie die Probleme der anderen nicht.* Jeder kennt die Situation: Eine Freundin heult sich regelmäßig aus – nur wenn man sie selbst einmal bräuchte, hat sie keine Zeit oder Lust. Der Anfang vom Ende jeder Freundschaft. Wer in einer extremen Belastungssituation steckt, sieht häufig nur noch die eigenen Probleme. Doch vor allem wenn diese Phase lang andauert, wird auch eine gute Beziehung auf eine harte Probe gestellt. Reden Sie deshalb möglichst nicht nur über die eigenen Sorgen, erkundigen Sie sich auch nach dem Befinden Ihrer Freunde, Ihres Partners.

Das hat sogar noch einen positiven Nebeneffekt: Wer anderen hilft, lenkt sich kurzfristig von den eigenen Sorgen ab und verleiht seinem Selbstvertrauen neuen Auftrieb. Außerdem muß man sich über eines klar werden: Wer die eigenen Sorgen zum Dauerthema macht, sich bei jedem Treffen nur noch über die Kollegen oder den Chef beklagt, überfordert langfristig jeden Gesprächspartner.

– *Setzen Sie positive Akzente.* Auch Beziehungen und Freundschaften brauchen Erholungspausen von den alltäglichen Belastungen. Natürlich ist es schwierig, in einer persönlichen Krise abzuschalten. Trotzdem sollte man immer wieder versuchen, durch gemeinsame Interessen oder Unternehmungen die schönen Seiten des Lebens anklingen zu lassen. Dieser Gegenpol ist wichtig – um neue Kräfte zu schöpfen, um Erfolgserlebnisse außerhalb des Berufs zu finden, nicht zuletzt um Freundschaften oder auch die Partnerschaft zu stabilisieren.

Hilfe anzunehmen, ohne die Helfer auszubeuten – das mag für manchen **130** eine schwierige Gratwanderung darstellen. Doch diese vergleichsweise **131** kleine Mühe lohnt sich: Private Beziehungen können ein großes Kraftpotential enthalten. Wer die Möglichkeit dazu hat, sollte diese Kräfte unbedingt mobilisieren.

☐ *Entspannung.* Mobbing-Opfer leben oft in dauernder Anspannung: Wann kommt der nächste Angriff? Wie soll ich reagieren? Wie kann ich mich schützen? Wer ständig angespannt ist, macht Fehler jeglicher Art – die Palette reicht von übereilten Entscheidungen über schwer nachvollziehbare Überreaktionen bis hin zu Kurzschlußhandlungen. „Gemobbte", so KDA-Sozialsekretär Udo Möckel, „fallen aus ihrem Rhythmus, sie können nicht mehr schlafen, stehen unter Hochspannung, sprudeln im Gespräch oft förmlich über, haben Mühe, bei einer Sache zu bleiben. Um sinnvoll agieren zu können, müssen sie erst ihre Ruhe, ihre Mitte wiederfinden." Experten und Therapeuten setzen deshalb auf unterschiedliche Entspannungstechniken, die alle das gleiche Ziel haben: Selbstvertrauen und Zuversicht zu stärken, für innere Ausgeglichenheit und Ruhe zu sorgen.

Natürlich gibt es eine Fülle von Büchern, mit deren Hilfe man beispielsweise Meditation oder Autogenes Training erlernen kann. Für Anfänger empfiehlt es sich allerdings, einen entsprechenden Kurs unter fachlicher Anleitung zu besuchen. Ein vertrauensvolles Gespräch mit Ihrem Arzt kann hierbei Impulse geben. Ansonsten bieten Volkshochschulen oder Gesundheitszentren ein umfangreiches Programm an.

Keinesfalls in Eigenregie sollten Methoden wie Selbsthypnose unternommen werden. Dr. Peter Halama, als Arzt für Neurologie und Psychiatrie schon seit 1982 mit dem „Intrigenspiel am Arbeitsplatz" beschäftigt, wendet bei seinen Patienten häufig diese Methode an: „Doch dazu ist in jedem Fall eine qualifizierte Anleitung erforderlich." Acht bis zwölf Sitzungen veranschlagt der Hamburger Nervenarzt, bis der Patient alleine in der Lage ist, sich durch Selbsthypnose zu aktivieren.

Wie stark das Wohlbefinden der Seele mit dem des Körpers zusammenhängt, ist allgemein bekannt. Bewegung kann Ausgeglichenheit und auch das Selbstwertgefühl fördern. Deshalb muß niemand zum Leistungssportler werden. Ob Joggen, Wandern oder Tanzen – jeder sollte sich aus

der breiten Palette der Fitneßmöglichkeiten das heraussuchen, was ihm am meisten Spaß macht.

☐ *Die trügerischen Helfer.* In ihrer Verzweiflung greifen manche Mobbing-Opfer zu Mitteln, von denen sie sich kurzfristig Erleichterung erhoffen. Doch jeglicher Mißbrauch von Alkohol, Drogen oder Medikamenten führt über kurz oder lang tiefer in Depressionen und Ausweglosigkeit hinein. Deshalb kann in diesem Zusammenhang der beste Rat nur eine strikte Warnung sein. Denn die Suchtgefahr ist in extremen Belastungssituationen noch größer als ohnehin.

■ Hilfe innerhalb der Firma

Wie wichtig es ist, sich am Arbeitsplatz Verbündete zu suchen, wurde bereits erläutert. Je stärker die Rückendeckung von Kollegen oder auch Vorgesetzten ist, desto besser. Darüber hinaus hat jeder Arbeitnehmer natürlich auch Rechte, die ihn vor Beleidigungen und Belästigungen durch Kollegen oder Chefs schützen sollen. Diese Schutzrechte sind im Grundgesetz und im Betriebsverfassungsgesetz verankert.

Vorbeugend, so empfiehlt die Deutsche Angestellten-Gewerkschaft (DAG) in einem Faltblatt mit hilfreichen Rechtstips, sollte sich jeder beim Betriebsrat über seine Rechte und beim Arbeitgeber über mögliche Betriebsvereinbarungen informieren. Wer seine Rechtsansprüche kennt, kann Belästigern gegenüber selbstbewußter auftreten und dem sich anbahnenden Mobbing-Verlauf rechtzeitig entgegenwirken.

Juristisch gesehen liegt eine Belästigung dann vor, wenn das allgemeine Persönlichkeitsrecht angegriffen wird oder wenn die Rechte auf persönliche Ehre (bei einer Beleidigung), auf körperliche Unversehrtheit (bei Körperverletzung) oder auf freie Entfaltung der Persönlichkeit (bei Drohungen und Nötigungen) beeinträchtigt sind. In der Theorie klingt das noch ganz gut. Doch die Möglichkeiten, die sich tatsächlichen er bieten, sind in der Praxis doch recht begrenzt.

☐ *Beschwerderecht beim Arbeitgeber.* Wer sich belästigt fühlt, kann sich an den Arbeitgeber wenden und es ihm mitteilen. Nach dem Betriebsverfassungsgesetz (§84 I BetrVG) ist es jedem erlaubt, sich über ungerechte Behandlungen zu beschweren. „Der Arbeitgeber hat eine Fürsorgepflicht", so die Rechtsanwältin Roswitha Bellmann, die auf Mobbing-

Fälle spezialisiert ist: „Natürlich muß er sich damit befassen, wenn eine **132** Mitarbeiterin ihm mitteilt, daß sie sich gemobbt fühlt. Dann allerdings **133** hat der Arbeitgeber erstmal zu entscheiden, ob er die Beschwerde für zulässig hält. Dabei muß er sich letztlich auf seinen subjektiven Eindruck und auf die Aussagen der anderen Beteiligten stützen." Hält er die Beschwerde für zulässig, ist er verpflichtet, sich der Angelegenheit anzunehmen und für eine Verbesserung zu sorgen. Was aber, wenn der Arbeitgeber die Beschwerde nicht anerkennt? In diesem Fall muß er das begründen – und dem Arbeitnehmer bleibt der Weg zum Arbeitsgericht. Ein Schritt, der keinesfalls ohne kompetenten Rechtsbeistand unternommen werden sollte.

☐ *Beschwerderecht beim Betriebsrat.* Nutzt der Arbeitnehmer das Recht, sich an den Betriebsrat zu wenden (§85 I BetrVG), setzt sich dieser mit dem Arbeitgeber auseinander – falls er die Beschwerde für zulässig hält. Auch hier kann im Zweifelsfall das Arbeitsgericht entscheiden. Das Problem: Ähnlich wie der Arbeitgeber ist natürlich auch der Betriebsrat nicht frei von subjektiven Einschätzungen. Letztlich kann es durchaus zu Fehlentscheidungen kommen. Wie schnell ein Gemobbter in die Defensive geraten kann, erläutert Roswitha Bellmann an einem Beispiel, wie es im Berufsalltag häufig vorkommt: Eine Gruppe von fünf Mitarbeitern geht zum Betriebsrat und will einen gemobbten Kollegen loswerden. Das Opfer verteidigt sich, liefert eine ganz andere Version der Sachlage. „Natürlich hat der Betriebsrat die Pflicht nachzuprüfen, was eigentlich vor sich geht", so die Rechtsexpertin, „aber wie soll er nun objektiv beurteilen können, daß fünf falsch liegen und einer richtig?" Darüber hinaus gehört nicht zuletzt auch Mut dazu, sich auf die Seite des einzelnen zu schlagen und es sich mit der Gruppe zu verscherzen: „Ganz pragmatisch: Der Betriebsrat will in der Regel wiedergewählt werden, und fünf Stimmen zählen nunmal mehr als eine."

Andererseits ist der Handlungsspielraum engagierter Personal- und Betriebsräte leider auch durch die Mobbing-Opfer selbst sehr beschränkt. Viele Opfer wollen um keinen Preis, daß ihr Name ins Spiel gebracht wird, sie wollen aus Angst vor Nachteilen anonym bleiben. „Auch wenn die rechtlichen Möglichkeiten derzeit noch sehr begrenzt sind", so Roswitha Bellmann, „könnte bereits mehr passieren, wenn die Betroffenen

offener zu ihren berechtigten Vorwürfen stehen würden. Solange einem Betriebsrat nur alles ‚ganz im Vertrauen' gesagt wird, sind seine Hände oft gebunden."

■ Die schwierige Rolle der Zuschauer

Mobbing ist in der Regel nicht unsichtbar. Meist sind es die unmittelbaren Kollegen, die zuerst miterleben, wie ein Betroffener von einem anderen Mitarbeiter oder Vorgesetzten gemobbt wird. Und viele Arbeitnehmer befinden sich von diesem Zeitpunkt an in einer Zwickmühle. Einerseits möchten sie dem Angegriffenen helfen, andererseits haben sie Angst davor, dadurch selbst in die Schußlinie oder aufs Abstellgleis zu geraten. Klar ist: Wer schweigt, macht sich in gewisser Weise mitschuldig. Denn Mobbing kann nur deshalb funktionieren, darin sind sich die Experten einig, weil die Zuschauer passiv bleiben, auch wenn sie es mißbilligen. Allerdings kann niemandem ernsthaft empfohlen werden, ohne Rücksicht auf Verluste in die Offensive zu gehen, wenn beispielsweise der Chef oder eine ganze Gruppe den Psychoterror auf ihre Fahnen geschrieben hat – dann gibt es unter Umständen zwei Mobbing-Opfer, und damit ist niemandem geholfen. Neben einer Portion Zivilcourage ist deshalb auch taktisches Geschick hilfreich, wenn es darum geht, einem Mobber das Handwerk zu legen:

☐ *Signalisieren Sie dem Betroffenen, daß Sie etwas unternehmen wollen.* Bitten Sie ihn allerdings auch, Ihnen die nötige Zeit zu lassen. Damit verhindern Sie, daß das Opfer bereits im Frühstadium panisch wird und durch unüberlegte Reaktionen die Situation noch verschärft.

☐ *Versuchen Sie die Mauer des Schweigens Stück für Stück zu durchbrechen.* Das gelingt am besten in Einzelgesprächen. Nützen Sie die Gelegenheit, mit einer netten, vertrauenswürdigen Kollegin das Problem in der Kantine oder nach Feierabend unter vier Augen zu besprechen. Schaffen Sie auf diese Weise allmählich ein Problembewußtsein in der Abteilung.

☐ *Weisen Sie dabei auf den zugrundeliegenden Konflikt hin.* Sprechen Sie möglichst wenig von Opfern oder Tätern – benennen Sie den eigentlichen Konflikt. Damit schaffen Sie weitaus mehr Solidarität als durch Schuldzuweisungen. Haben Sie genügend Mitarbeiter überzeugt, kann der Konflikt bearbeitet werden.

☐ *Suchen Sie gemeinsam nach einem geeigneten Schlichter.* Das kann je **134**
nach Situation ein erfahrener, allgemein anerkannter Kollege, ein Be- **135**
triebsrat, ein Vorgesetzter sein. Setzen Sie ihn von dem Konflikt in
Kenntnis, und weisen Sie auch darauf hin, zu welchen Ausmaßen sich das
Problem inzwischen schon ausgewachsen hat. Jetzt können die bereits
ausgeführten Möglichkeiten der Konfliktbearbeitung und -bereinigung
erfolgen.

☐ *Bleiben Sie auch nach der Konfliktbereinigung am Ball.* Achten Sie
darauf, ob der Kompromiß tatsächlich in die Realität umgesetzt wird.
Wenn Sie es darüber hinaus noch erreichen, daß sich die ehemaligen
Gegner wirklich versöhnen, dürfen Sie sich zweifach gratulieren.

Ein schwieriges Unterfangen? Ja. Dabei könnte einiges unternommen
werden, um auch engagierten Kollegen ein wirksames Eingreifen wesentlich zu erleichtern (siehe dazu auch den Abschnitt „Das Übel an der
Wurzel packen", S. 148–153).

Wenn es keine Chance mehr gibt

Jeder Arbeitstag wird zur Tortur? Ihre seelische und körperliche Verfassung hat bereits stark unter den Schikanen gelitten? Trotz Ihrer Versuche, den Psychoterrror am Arbeitsplatz zu stoppen, zeigt sich keinerlei Besserung? Dann wird es höchste Zeit, über einen gravierenden Schritt nachzudenken und den geordneten Rückzug in die Wege zu leiten. Bei einer Kündigung ist es allerdings sehr wichtig, überlegt und besonnen zu handeln – vorschnelle, übereilte Aktionen gereichen hinterher allzu oft zum Nachteil. Günstig ist es natürlich, wenn Sie selbst die Initiative in dieser letzten Phase übernehmen können und der Arbeitgeber von sich aus noch keinen Schritt in Richtung Kündigung unternommen hat. Aber das ist oft nicht der Fall. Unter Umständen gibt es schon deutliche Warnzeichen, daß die Firma an Ihrer weiteren Mitarbeit nicht mehr interessiert ist. In jedem Fall müssen Sie damit rechnen, daß Ihnen die Kündigung auf den Tisch flattert. Doch auch wenn das geschieht, sollten Sie keinesfalls panisch reagieren, sondern das Beste aus der Situation machen.

■ Alarmzeichen für eine Kündigung

Bereits im täglichen Arbeitsablauf ist es in der Regel unschwer zu erkennen, wenn die Zeichen auf Sturm stehen: Der Chef bauscht minimale Fehler auf, greift sich bei jeder Kritik Sie als Opfer heraus, scheint nur darauf zu warten, bis Sie irgend etwas falsch machen. Häufen sich solche Überreaktionen, ist Gefahr im Verzug. Noch viel deutlichere Anzeichen liefert der Vorgesetzte, indem er Ihre Aufgabengebiete zu Ihrem Nachteil verändert: Er lädt Ihnen absichtlich mehr Arbeit auf, als zu schaffen ist, oder weist Ihnen nur noch uninteressante Tätigkeiten zu. Auch wenn Sie bis zu diesem Zeitpunkt den Eindruck hatten, nur von Kollegen gemobbt zu werden, sollten Sie diese Signale richtig deuten: Das Klima hat sich auch auf höherer Ebene gegen Sie gewendet.

Zu den alarmierendsten Zeichen gehört die schriftliche Abmahnung. Spätestens jetzt wissen Sie: Es ist ernst, der Arbeitgeber hat die Kündigung zumindest ins Auge gefaßt. Ziel einer solchen Abmahnung ist es

eigentlich, dem Betroffenen einen Warnschuß und die Chance zu geben, **136**
sich zu bessern. Mit dieser Form der Warnung sichert sich der Arbeitge- **137**
ber gleichzeitig auch ab: Schließlich weiß er, daß er mit einer schlecht oder
nicht begründeten Kündigung in einem Verfahren vor dem Arbeitsgericht einen schweren Stand hätte. Allerdings kann er nicht unbegrenzte
Zeit auf diese Rüge zurückgreifen: Spätestens nach zwei Jahren müssen
Abmahnungen aus der Personalakte verschwinden.
Eine formal korrekte Abmahnung muß folgende Punkte enthalten:

☐ *Der konkrete Vorwurf (zum Beispiel wiederholtes Zuspätkommen,*
mangelnde Leistung) muß genau erläutert werden.
☐ *Der Arbeitgeber muß deutlich machen, welches Verhalten er künftig*
erwartet.
☐ *Es muß darauf hingewiesen werden, mit welchen Konsequenzen (in*
der Regel die Kündigung) der Arbeitnehmer im Wiederholungsfall zu
rechnen hat.

Sobald man eine Abmahnung erhält, sollte der Betriebsrat oder auch ein
Anwalt konsultiert werden. Denn fehlt einer dieser Punkte, ist eine
spätere Kündigung in der Regel wirkungslos. Was aber, wenn die Abmahnung korrekt abgefaßt, aber nach Ansicht des Betroffenen unbe-
gründet ist? Dann empfiehlt sich eine schriftliche „Gegendarstellung".
Der Mitarbeiter kann somit später zum Beispiel bei einer gerichtlichen
Auseinandersetzung beweisen, daß er die Vorwürfe zurückgewiesen hat.
In solch einer Situation gelassen zu bleiben ist schwer, aber wichtig.
Natürlich sollte der Betroffene versuchen, guten Willen zu demonstrieren und die angemahnten Fehler nicht zu wiederholen. Doch das klingt
in der Theorie oft einfacher, als es in der Praxis ist: Unpünktlichkeit läßt
sich leicht verhindern, doch wenn es beispielsweise Unstimmigkeiten
über die erbrachte Leistung gibt, wird es sehr diffizil: Wer es darauf
anlegt, kann über kurz oder lang beinahe jedem Arbeitnehmer leichtes
Fehlverhalten in dieser Hinsicht nachweisen. Deshalb ist es im Falle einer
Abmahnung meist nicht damit getan, sich anzustrengen. Vor allem wenn
Mobbing hinter diesem „Schreckschuß" steckt, ist das oft nur der vor-
letzte Schritt vor dem endgültigen Aus. Es empfiehlt sich deshalb dringend, die Fühler nach einem Rechtsbeistand und nach einem neuen
Arbeitsplatz auszustrecken.

■ Wenn der Arbeitgeber kündigt

Für den Betroffenen ist es fast immer ein Schock, wenn die Kündigung auf dem Tisch liegt. Jetzt heißt es, die Nerven zu bewahren, um den Schaden so weit als möglich zu begrenzen. Der erste Weg sollte deshalb zu einem kompetenten Ansprechpartner führen: zu einem erfahrenen, vertrauenswürdigen Betriebsrat und/oder zu einem versierten Anwalt, der sich auf Mobbing oder zumindest Arbeitsrecht spezialisiert hat (Kontaktadressen im Anhang). Wer in einer Gewerkschaft oder in einem Berufsverband organisiert ist, muß in der Regel Anwalts- und Prozeßkosten nicht selbst tragen.

Zu unterscheiden sind drei Arten der Kündigung:

☐ Bei der *betriebsbedingten* Kündigung werden wirtschaftliche Gründe angegeben: Die Firma muß wegen Auftragsmangel oder Umsatzrückgang Mitarbeiter entlassen. Dabei kann die Firma allerdings nicht willkürlich vorgehen und einfach all jene Kollegen entlassen, die sie ohnehin schleunigst loswerden will: In der Regel werden bei einer betriebsbedingten Kündigung diejenigen Mitarbeiter zuerst entlassen, denen es am ehesten zuzumuten ist – weil sie jung sind, erst kurz im Betrieb arbeiten und am wenigsten Unterhaltsverpflichtungen haben. Gehören Sie zu dieser Gruppe, haben sie eigentlich keinerlei Chance nachzuweisen, daß „Mobbing" der eigentliche Kündigungsgrund ist. Allerdings hat die betriebsbedingte Kündigung auch für den Betroffenen wenigstens einen Vorteil: Bei einem Vorstellungsgespräch haben Sie bessere Karten – niemand wird die „Schuld" bei Ihnen vermuten. Schließlich kann es jedem passieren, Opfer einer Rationalisierung zu werden.

☐ Anders bei der *personenbedingten* Kündigung. Wie bereits erläutert (siehe S. 115–117), wird hierbei der Mitarbeiter für die Beendigung des Arbeitsverhältnisses verantwortlich gemacht – ein Makel, der bei einem späteren Vorstellungsgespräch nur schwer wettgemacht werden kann.

☐ Die härteste Form der Kündigung ist die *fristlose* oder *außerordentliche*. Greift der Arbeitgeber zu diesem Mittel, muß er schwerwiegende Gründe wie unbegründete Arbeitsverweigerung oder Unterschlagung vorweisen, und zwar innerhalb von zwei Wochen nach diesem Vorfall. Der Gang vor das Arbeitsgericht lohnt sich allerdings auch dann. Häufig werden diese fristlosen Kündigungen zumindest in fristgerechte umgewandelt.

Sobald die Kündigung vorliegt, sollte sie – gemeinsam mit den bereits **138** erwähnten Ansprechpartnern – überprüft und entsprechende Schritte **139** eingeleitet werden.

Wichtige Punkte hierbei:

☐ *Ist die Form der Kündigung korrekt?* Betriebsräte spüren manchmal Formfehler auf, und die Kündigung ist dann unwirksam. Dazu gehört auch: Eine mündliche Kündigung ist ungültig, wenn im Arbeits- oder Tarifvertrag die schriftliche Form vereinbart ist.

☐ *Wurde der Betriebsrat informiert?* Hat der Arbeitgeber versäumt, den Betriebsrat vorher anzuhören, ist die Kündigung nicht rechtsgültig.

☐ *Achten Sie auf die Einspruchsfristen!* Jeder Arbeitnehmer hat eine Woche Zeit, den Betriebsrat zu bitten, gegen die Kündigung Einspruch zu erheben. Er wird Ihnen auch sagen können, ob der Einspruch Aussicht auf Erfolg hat.

Wer sich gegen die Beendigung des Arbeitsverhältnisses wehren will, muß innerhalb von drei Wochen Kündigungsschutzklage beim Arbeitsgericht einreichen. Mobbing-Expertin Roswitha Bellmann: „Dazu ist keine Begründung nötig, weil der Arbeitgeber beweispflichtig ist." In der Regel kommt es dann zuerst zu einer Güteverhandlung – fast immer erhält der Arbeitnehmer zumindest eine Abfindung. Ob man sich mit der vorgeschlagenen Summe begnügen oder weiter „pokern" soll, ist nur im Einzelfall zu entscheiden. Auf keinen Fall sollte man eine gerichtliche Auseinandersetzung ohne kompetenten juristischen Beistand wagen.

■ In beiderseitigem Einvernehmen?

Wenn sich Firma und Arbeitnehmer zu einer „einvernehmlichen Trennung" entschließen, klingt das für Uneingeweihte vielleicht ganz gut. Allerdings weiß jeder Personalchef genau, daß es sich hierbei nur um eine sozusagen getarnte Kündigung handelt: Mit einem Auflösungsvertrag versucht die Firma, einen unliebsamen Mitarbeiter mit einer (möglichst geringen) Abfindung loszuwerden, sich lästige Kündigungsschutzklagen und langwierige Prozesse zu ersparen. Für den Arbeitnehmer sind die Chancen auf eine neue Stelle deshalb nicht unbedingt besser als nach einer normalen Kündigung. Außerdem muß er mit einer mehrwöchigen Sperre des Arbeitslosengeldes rechnen, unter Umständen wird die Abfindung

sogar teilweise auf die späteren Zahlungen des Arbeitsamtes angerechnet. Das sollte auf jeden Fall bedacht werden, bevor man einen solchen Vertrag unterschreibt.

Wenn die Kündigung einmal ausgesprochen ist, würde man am liebsten alles hinschmeißen und den Arbeitsplatz sofort verlassen. Tun Sie's nicht! Versuchen Sie, sich in den letzten Wochen nichts zuschulden kommen zu lassen. Das kann positive Auswirkungen auf Ihr Zeugnis (dazu noch später mehr) haben und auch Vorteile bringen, wenn es zu einem Gerichtsstreit kommt. Allerdings müssen Sie deshalb nicht auf Ihr Recht verzichten: Sie können sofort mit der Stellensuche beginnen – der Noch-Arbeitgeber muß Ihnen dafür angemessen Zeit geben.

Für die Neubewerbung gilt: Natürlich können Sie es auf Dauer nicht verheimlichen, daß Sie vom letzten Arbeitgeber gekündigt wurden. Wenn möglich: Nur eine Kurzbewerbung abschicken, mit der Zusage, die vollständigen Unterlagen zum Vorstellungsgespräch mitzubringen. Persönlich lassen sich die Geschehnisse, die zur Kündigung führten, meist besser erklären. Das Thema Mobbing souverän ins Gespräch zu bringen ist sicher nicht einfach. Schließlich steht es jedem (Personal-)Chef zu, die Version des Betroffenen anzuzweifeln.

Der sinnvollste Weg:

☐ *Zuversicht und Selbstsicherheit ausstrahlen.* Versuchen Sie, einen möglichst gelassenen und optimistischen Eindruck zu machen. Achten Sie dabei auch auf Ihre Körpersprache: Ein fester Händedruck, ein offenes Lächeln bewirken oft mehr als tausend Worte.

☐ *Nicht nachkarten.* Schildern Sie die entscheidenden Vorfälle, die zur Beendigung des Arbeitsverhältnisses geführt haben, klar und sachlich, aber keinesfalls lang und ausführlich – allzu schnell gerät man nämlich dabei in den Verdacht, larmoyant, unkonzentriert oder nicht belastbar zu sein. Verweisen Sie darauf, daß Sie an Ihrem früheren Arbeitsplatz eine äußerst unangenehme Erfahrung machen mußten, von der sie sich allerdings nicht langfristig einschüchtern lassen wollen.

☐ *Sich an der Zukunft orientieren.* Zeigen Sie, daß Sie mit Freude und Engagement eine neue Tätigkeit in Angriff nehmen wollen.

☐ *Bleiben Sie danach am Ball.* Wenn eine Woche verstrichen ist, können Sie sich durchaus nach Ihren Chancen erkundigen. Damit signalisieren Sie Interesse, ohne aufdringlich zu wirken.

■ **Der geordnete Rückzug – die Eigenkündigung**   **140**

Sie sehen selbst keine Möglichkeit mehr, an diesem Arbeitsplatz jemals   **141**
wieder zufrieden zu werden? Dann sollten Sie keine Zeit mehr verlieren
und selbst die Initiative ergreifen. Natürlich ist es ein enormer Vorteil,
wenn keine Kündigung des Arbeitgebers vorliegt und man somit auch
nicht unter Zugzwang steht. Lassen Sie sich diesen Vorteil nicht nehmen,
gehen Sie zielstrebig und überlegt vor.

☐ *Die schwierigste Hürde: ein neuer Job.* Nur wenige Arbeitnehmer
haben derzeit die Qual der Wahl auf dem Stellenmarkt. Schicken Sie
deshalb lieber fünf Bewerbungen zuviel los als eine zuwenig. Auch
„Blindbewerbungen" können sich lohnen – vor allem in großen Firmen
ist die Fluktuation oft so hoch, daß Sie nicht auf eine Stellenanzeige
warten müssen, sondern sozusagen auf Verdacht Ihr Interesse bekunden
können. Achten Sie beim Bewerbungsschreiben und erst recht beim
Vorstellungsgespräch darauf, daß Sie keinesfalls einen frustrierten oder
gar panischen Eindruck machen. Das Thema Mobbing sollte am besten
gar nicht anklingen, halten Sie sich auch bei Fragen nach dem Betriebsklima Ihrer jetzigen Firma möglichst bedeckt. Ansonsten gewinnt der
potentielle Arbeitgeber eventuell den Eindruck, Sie wären ein „schwieriger Fall". Außerdem sind Nestbeschmutzer eigentlich in keiner Branche gefragt.

Die beste Taktik: Zählen Sie nicht auf, warum Sie bei der alten Firma nicht
weiterarbeiten wollen, sondern liefern Sie möglichst viele Argumente,
warum Sie bei dieser neuen Firma anfangen möchten.

Normalerweise sollte ein Jobwechsel immer mit einem zumindest kleinen Aufstieg verbunden sein. Wer allerdings dem Psychoterror am Arbeitsplatz ausgesetzt ist, nimmt in der Regel auch diesbezüglich Abstri-
che in Kauf. Dennoch: Achten Sie darauf, daß die neue Stelle keinen
einschneidenden beruflichen Abstieg bedeutet. Die Belastung, die eine
Abqualifizierung – auch wenn sie freiwillig ist – mit sich bringt, ist auf
Dauer nicht zu unterschätzen. Zumindest sollten Chancen zu Aufstieg
und Entwicklung im neuen Betrieb bestehen.

Natürlich ist es eine ungeheure Erleichterung, wenn Ihnen eine erhoffte
Stelle zugesagt wird. Bevor Sie allerdings beim alten Arbeitgeber kündigen, sollten Sie sich von Ihrem neuen Chef eine schriftliche Bestätigung
geben lassen.

☐ *Die richtige Kündigung.* Natürlich müssen Sie sich an die Kündigungsfristen halten, die in Ihrem Arbeitsvertrag vereinbart sind. Die termingerechte Kündigung muß immer auch schriftlich vorliegen. Darüber hinaus sollten Sie Ihrem Chef die Gründe für die Kündigung persönlich mitteilen. Unter Umständen ahnt er, warum Sie den Betrieb verlassen wollen – vor allem, wenn er selbst aktiv gegen Sie gemobbt hat. Dann können Sie sich sämtliche Erklärungen eigentlich ersparen. Sind Sie allerdings zum Opfer von Kollegen oder unteren Vorgesetzten geworden, wäre es durchaus sinnvoll, dem Chef dies auch mitzuteilen – in einer sehr ruhigen und sachlichen Form. Beteuern Sie dabei durchaus, daß Sie unter anderen Umständen gerne weiter in dieser Firma gearbeitet, aber nach mehrmaligen Versuchen keinen Weg mehr gesehen hätten. Diese Argumentation bringt Ihnen selbst zwar keinen direkten Vorteil – vielleicht aber regt es Ihren Arbeitgeber zum Nachdenken an. Er ist in Zukunft vielleicht für dieses Thema sensibilisiert und unternimmt unter Umständen etwas gegen den Psychoterror in seinem Betrieb.

Sehen Sie keinen anderen Ausweg als die Eigenkündigung, obwohl Sie noch keine neue Stelle haben, müssen Sie damit rechnen, daß Sie einer Sperrfrist des Arbeitsamtes unterliegen und mehrere Wochen lang kein Arbeitslosengeld erhalten. Möglicher Ausweg: Ein Arzt bescheinigt, daß Sie aus gesundheitlichen Gründen kündigen mußten.

■ Vorsicht Falle: das Zeugnis

Das Zeugnis stellt die Weichen für das weitere Berufsleben. Deshalb sollte es keineswegs als reine Formalie angesehen werden, sondern als wichtiges Dokument. In einem qualifizierten Zeugnis werden nicht nur die Aufgabenbereiche des Mitarbeiters beschrieben, es darf auch eine Beurteilung seiner Fähigkeiten nicht fehlen. Sie haben übrigens auch dann Anspruch auf ein „wohlwollendes" Zeugnis, wenn Ihnen gekündigt wurde. Allerdings wissen sich die Firmen so auszudrücken, daß sie zwar nicht gegen dieses Gesetz verstoßen und trotzdem sämtliche Schwächen eines Mitarbeiters auflisten – denn beschönigen oder verheimlichen darf ein Arbeitgeber im Zeugnis auch nichts. Dieser Geheimcode, den die Personalchefs dabei anwenden, ist mit Hilfe von einschlägigen Büchern zu entschlüsseln. Aber auch jeder Betriebsrat oder Arbeitsrechtler weiß Bescheid, wenn versteckte Aussagen auf Fehlverhalten jeglicher Art hinweisen.

Kurz gesagt: Ein wirklich gutes Zeugnis steckt voller Superlative. Alles, **142**
was sich für den unwissenden Leser „normal" anhört, ist bereits verdäch- **143**
tig. Schon hinter einer eigentlich harmlos klingenden Formulierung wie
„… hat sich stets bemüht" steckt ein vernichtendes Urteil: Der Betroffene
zeigte vielleicht guten Willen – nur leider ohne Erfolg. Und auch wenn
ein Mitarbeiter alles „zu unserer Zufriedenheit" erledigt hat, ist das kein
Lob – denn dann müßte es zumindest zur „vollen", besser noch zur
„vollsten Zufriedenheit" heißen. Auf Nuancen kommt es also an: Lassen
Sie Ihr Zeugnis deshalb von einem kompetenten Ansprechpartner gegen-
checken.

Haben Sie selbst gekündigt, darf auch eine abschließende Bemerkung wie
„Frau X verläßt uns auf eigenen Wunsch. Wir bedauern ihr Ausscheiden
sehr und wünschen ihr für ihren weiteren beruflichen und persönlichen
Weg viel Erfolg" nicht fehlen.

Wer mit seinem Arbeitszeugnis nicht zufrieden ist, sollte sich zuerst an
den Betriebsrat wenden. Kann der nichts unternehmen, bleibt der Gang
zum Arbeitsgericht. Das muß innerhalb von sechs Wochen geschehen,
ansonsten gilt das Zeugnis als stillschweigend akzeptiert. Die Chancen,
dann noch etwas nachbessern zu können, sind dementsprechend gering.

Hilfe von außen

Noch vor kurzer Zeit fehlte den meisten Mobbing-Opfern das, was sie am dringendsten brauchen: Verständnis und Hilfe von Menschen, die ihre Probleme ernst nehmen. Hatten die Betroffenen nicht das Glück, Unterstützung aus dem familiären Umfeld oder auch durch einen engagierten Betriebsrat zu erhalten, mußten sie den Psychoterror am Arbeitsplatz und seine Auswirkungen mehr oder minder allein durchstehen. Inzwischen ist in dieser Hinsicht einiges im Gange. Ein Netzwerk – zwar noch sehr grobmaschig und lückenhaft – breitet sich allmählich über Deutschland aus. Initiativen bilden sich, Institutionen und kompetente Experten geben Informationen, Unterstützung und konkrete Hilfe (siehe dazu auch die Adressen im Anhang).

■ Gesprächskreise und Selbsthilfegruppen

In einigen Städten haben sich bereits Betroffene zusammengefunden, um regelmäßig gemeinsam ihre Probleme zu besprechen. Eine Teilnehmerin aus einer Hamburger Selbsthilfegruppe berichtet, bereits das erste Treffen wäre für sie ein erlösendes Aha-Erlebnis gewesen: „Du bist auf einmal nicht mehr allein. Du merkst: Auch andere, völlig normale Menschen werden mit diesen unglaublichen Schikanen konfrontiert. Es liegt offensichtlich doch nicht an dir, daß dir das alles passiert. Dieses Gefühl, ganz offen über den Psychoterror sprechen zu können, von allen verstanden zu werden, bedeutete für mich eine ungeheure Erleichterung." Sich regelmäßig austauschen, sich auch gegenseitig Tips geben zu können – das ist für viele Betroffene eine wertvolle Hilfe. Solidarität schafft neue Kräfte.

Besonders hilfreich ist es mit Sicherheit, wenn eine solche Gruppe von einer kompetenten Person geleitet wird: Von einem Psychologen beispielsweise, von einem Betriebsrat, der sich in psychologischer Gesprächsführung weitergebildet hat, oder auch von einem Sozialarbeiter, der sich mit der Thematik genauer beschäftigt. Sozialsekretär Udo Möckel vom Kirchlichen Dienst in der Arbeitswelt (KDA) verweist in diesem Zusammenhang auf eine Untersuchung, die seine langjährige Erfahrung als Leiter eines No-Mobbing-Kreises untermauert: „Wenn Menschen rechtzeitig in eine Gruppe kommen und einen Konflikt unter fachlicher Kompetenz bearbeiten, dann – so hat sich gezeigt – können sie den Konflikt schneller lösen und werden nicht krank." Einen Konflikt bearbeiten bedeutet mehr als „nur" darüber zu sprechen. Möckel beispielsweise arbeitet viel mit Rollenspielen, durch die Betroffene sinnvolles Verhalten in Konfliktsituationen erlernen können, und mit Phantasiereisen zur Entspannung. Gemeinsam wird in der Gruppe auch ein Schema entworfen, wie sich der einzelne gegen den Psychoterror wehren kann. Anwenden und ausprobieren muß der Betroffene diese entwickelten Strategien selbst. Beim nächsten Treffen wird dann abgeklärt: Was hat geklappt? Was nicht? Was kann beim nächsten Mal besser gemacht werden? Die Gesprächskreise finden nur einmal monatlich statt. „Ansonsten geraten die Betroffenen zu stark in eine Abhängigkeit hinein", so Möckel. „Ich will die Betroffenen weniger betreuen als vielmehr ermuntern, sich selbst zu helfen." Die Möglichkeit zur Aussprache einerseits, Anleitung zur Selbsthilfe andererseits – ein schlüssiges Konzept, das inzwischen von mehreren Gruppen übernommen wurde und großen Anklang findet.

■ Seminare, Workshops und Tagungen

Ob es um große Veranstaltungen oder Seminare in kleinen Gruppen zum Thema Mobbing geht – die Last verteilt sich derzeit noch auf wenige Schultern. Beispiel: Das große Hamburger Fachforum „No Mobbing", das im Februar 1993 stattfand, wurde von der AOK Hamburg, der Deutschen Angestellten-Gewerkschaft (DAG) und dem KDA gemeinsam veranstaltet – drei Institutionen, die in Deutschland neben einigen Ärzten und Psychologen die hauptsächliche Pionierarbeit auf diesem Gebiet leisten. Ursachen und Folgen von Mobbing wurden im Rahmen dieses Fachforums ebenso diskutiert wie Prävention und geeignete Gegenwehr. Eine wichtige Zielgruppe für Mobbing-Veranstaltungen dieser Art sind Experten aus Medizin, Psychologie, Wissenschaft und Wirtschaft sowie natürlich Personalführungskräfte und Betriebs- wie Personalräte. Aber auch Betroffene gehören zu den Teilnehmern.
Darüber hinaus finden auch spezielle Seminare statt – für Mobbing-Opfer, für Interessenvertreter in den Betrieben und für Führungskräfte.

Zum Teil werden solche Kurse, die in der Regel an Wochenenden oder über mehrere Abende verteilt angeboten werden, von den oben genannten Institutionen veranstaltet. Darüber hinaus sind schon einige Arbeitspsychologen und Mangagementtrainer auf den Psychoterror im Betrieb spezialisiert und veranstalten entsprechende Workshops.

Ein sehr sinnvoller Weg, um Mobbing im Vorfeld zu verhindern und bereits vorhandene Konflikte zu lösen, ist die gezielte Schulung innerhalb der Betriebe. Leider sind bislang nur wenige Firmen dazu bereit, kompetente Hilfe von außen in Anspruch zu nehmen und in Seminaren Führungskräfte, Interessenvertreter und nicht zuletzt auch alle anderen Mitarbeiter auf diese Weise gegen Mobbing zu aktivieren.

■ Klinik für Mobbing-Patienten

Im Waldsanatorium Bad Lippspringe wurde im Oktober 1992 die erste deutsche „Klinik für Psychosomatik und Psychotherapie" eingerichtet, in der ausschließlich Opfer des beruflichen Psychoterrors behandelt werden. Das Waldsanatorium ist Teil der gemeinnützigen Kurkliniken und Forschungsinstitute Bad Lippspringe. Leitender Arzt ist Dr. Michael Becker, Arzt für Neurologie und Psychiatrie. Aufgenommen werden Patienten, die aufgrund von Intrigenterror am Arbeitsplatz an psychosomatischen oder psychischen Symptomen und Erkrankungen leiden und zum Teil sogar suizidgefährdet sind. Die Rehabilitationsmaßnahme dauert sechs Wochen und findet stationär in Gruppen von etwa zehn Betroffenen statt.

Schwerpunkte der Behandlung:

- Entspannung, verstärkt durch Behandlungstechniken (beispielsweise autogenes Training, Entspannung nach Jacobson, gestufte Aktivhypnose, katathymes Bilderleben, konzentrative Bewegungstherapie)
- Gruppen und Einzelgespräche
- Selbstsicherheitstraining
- individuelle medizinische Betreuung einschließlich erforderlicher physiotherapeutischer und physikalischer Maßnahmen; Medikamente werden je nach Krankheitsbild verabreicht (zum Beispiel angstlösende Psychopharmaka bei einer generalisierten Angststörung)
- therapeutische Aufarbeitung der sozialen Situation, eventuell mit Arbeitsplatzintervention

– Angebot einer Familientherapie   **146**
– juristische Beratung durch einen Arbeitsrechtler.   **147**

Die Arbeit in der Mobbing-klinik, so die Betreiber, wird fortlaufend wissenschaftlich ausgewertet und neuesten Erkenntnissen angepaßt. Der Pflegesatz beträgt derzeit gut 150 Mark pro Tag. Aufnahmen können erst nach Vorliegen einer schriftlichen Kostenzusage eines Leistungsträgers (wie Krankenkasse oder Rentenversicherungsträger) erfolgen. Ein Problem hierbei: Nicht jeder Träger will zahlen. „In manchen Krankenkassen hat man sich mit der Problematik offensichtlich noch immer nicht richtig befaßt", so Dr. Becker, „mit anderen, wie der AOK Hamburg beispielsweise, klappt das reibungslos."

Das ostwestfälische Bad Lippspringe soll nicht der einzige Ort bleiben, wo sich krankenhausreife Mobbing-Opfer stationär behandeln lassen können. KDA, DAG und der Nervenarzt Dr. Peter Halama versuchen beispielsweise, Kliniken im Hamburger Raum für die Behandlung solcher Fälle zu mobilisieren.

■ Hilfe über den heißen Draht

Wie verbreitet ist Mobbing in Deutschland? Ist die Anzahl derer, die unter den Schikanen leiden, tatsächlich so groß? Um sich ein Bild machen zu können, installierte der Berliner DAG-Landesverband im Sommer 1992 ein „Mobbingtelefon". DAG-Sprecher Werner Rokahr: „Die Resonanz war ebenso groß wie erschütternd. Allerdings waren wir mit den Hilferufen aus ganz Deutschland absolut überfordert." Der vermeintliche Service wurde gleich wieder eingestellt. Inzwischen hat die DAG Abhilfe geschaffen und eine Ansprechpartnerin gefunden, die Betroffenen kostenlos Gehör schenkt. Jeden Montagnachmittag können sich Mobbing-Opfer mit ihren Sorgen nun telefonisch an die Pädagogin Gabriela Brönnecke-Klein wenden: „Viele Anrufer sind froh, sich erstmal in Ruhe aussprechen zu können. Darüber hinaus versuche ich natürlich, jedem einzelnen individuelle Ratschläge zu geben." Tauchen knifflige juristische Fragen auf, kann Frau Brönnecke-Klein die Hilfesuchenden auch an kompetente Rechtsanwältinnen und -anwälte vermitteln.

Das Übel an der Wurzel packen

Vorbeugen ist besser als heilen, heißt es. Und gerade in der Prävention liegt die größte Chance, um den Psychoterror im Betrieb einzudämmen und allen Mobbern die rote Karte zu zeigen. Gute Ansätze und Vorschläge gibt es reichlich. Diese Anti-Mobbing-Strategien zu testen und einzuführen – das liegt allerdings leider nicht in der Macht der Betroffenen. Hier sind Gewerkschaften, Betriebs- und Personalräte gefordert, aber vor allem auch sämtliche Führungsspitzen. Nicht nur die Verantwortung der Arbeitgeber ihren Mitarbeitern gegenüber sollte zum Handeln bewegen, nüchterne Zahlen müßten mindestens so überzeugend sein. Mobbing ist für die Wirtschaft ein Verlustgeschäft in Milliardenhöhe. Daß beispielsweise die Fehlzeiten beträchtlich abgebaut werden könnten, wenn die Firmen gegen den Psychoterror mobil machen würden, davon sind alle Experten überzeugt. Gleichzeitig plädieren sie für eine höhere Sensibilität – bei Verantwortlichen im Arbeitsalltag, aber auch bei Ärzten, Psychologen, Rechtsfachleuten.

Einige mögliche Wege aus dem Teufelskreis Mobbing auf betrieblicher Ebene werden in diesem Kapitel geschildert.

■ Mobbing zum Thema machen

Schon an diesem Punkt krankt es in den meisten Firmen. Über die gesundheitlichen Auswirkungen der Bildschirmarbeit beispielsweise wissen die meisten Arbeitnehmer sehr viel besser Bescheid als über psychische und physische Folgen des Psychoterrors am Arbeitsplatz. Diese Informationsdefizite auszugleichen ist aber die Grundvoraussetzung für eine erfolgreiche Mobbing-Prävention. Um das Problem auf breiter Ebene zu thematisieren und zu diskutieren, gibt es unterschiedliche Möglichkeiten:

☐ *Das Thema Mobbing im Rahmen einer Betriebsversammlung aufgreifen.*

☐ *Eine Fragebogenaktion durchführen.* Dadurch wird einerseits klar: Gibt es in diesem Betrieb Mobbing? Wieviele sind davon betroffen? Welche Konflikte führen offensichtlich zum Psychoterror? Haben die

Mitarbeiter den Eindruck, sich im Ernstfall an einen verläßlichen An- **148**
sprechpartner wenden zu können? Wo liegen die größten Knackpunkte, **149**
wo die Bedürfnisse? Gleichzeitig wird auf diese Weise die Belegschaft für
das Thema sensibilisiert – ein wichtiger Schritt, um weitere Anti-Mob-
bing-Maßnahmen in Angriff nehmen zu können.

☐ *Schulungen/Seminartage zum Thema Mobbing und Konfliktbewältigung veranstalten* – für Führungspersonen, Betriebsräte, Mitarbeiterinnen und Mitabeiter.

■ Betriebsvereinbarungen

Einen wichtigen Schritt in die richtige Richtung könnten Anti-Mobbing-
Vorschriften in den Betrieben darstellen. Dabei reicht es natürlich nicht,
eine Verordnung klammheimlich zu erlassen – in der Hoffnung, irgend
jemand würde sich daran halten. „Eine solche Betriebsvereinbarung kann
nicht von oben verordnet werden", so der Arbeitspsychologe Martin
Resch, „sie muß vielmehr Ergebnis eines Prozesses sein, an dem jeder in
der Firma beteiligt ist." Wie eine solche Maßnahme Schritt für Schritt
eingeführt werden kann, demonstriert der Mobbing-Experte in seinen
Seminaren.

☐ *Der erste Schritt:* Alle Mitarbeiter eines Betriebes müssen erstmal
informiert werden. Das kann über eine Versammlung geschehen oder
über Referate kompetenter Mobbing-Fachleute. Eine sehr gute Möglichkeit ist auch hier die oben genannte Fragebogenaktion.

☐ *Der zweite Schritt:* Schulungen für Führungskräfte, aber auch für
Mitarbeiter. In diesen Seminaren wird beispielsweise über Ursachen und
Auswirkungen von Mobbing informiert, mögliche Konfliktlösungsmo-
delle können diskutiert werden.

☐ *Der dritte Schritt:* Eine Betriebsvereinbarung wird verfaßt. Zu diesem
Zweck können beispielsweise Arbeitsgruppen gebildet werden, in denen
jeder mitteilt, welche Mobbing-Strategien auf einer „Schwarzen Liste"
stehen sollen. Die Tabus zu brechen, reicht natürlich nicht aus: Darüber
hinaus müssen wichtige Fragen geklärt werden: Welche Ansprechpartner,
welche Instanzen müssen im Falle eines Konfliktes eingeschaltet werden?
Wie sollen die Konflikte am besten gelöst werden? In welchem Zeitraum
muß eine Lösung gefunden werden? Mit welchen Sanktionen müssen
potentielle Mobber rechnen?

Ist eine solche Betriebsvereinbarung einmal erstellt, müssen sich alle daran halten. Das gilt natürlich auch für Kollegen, die neu in die Firma kommen. Der Vorteil solcher festen Vorschriften: Mobbing ist kein bedauerlicher Zwischenfall mehr, der geschieht, weil keiner etwas dagegen unternimmt.

Im Gegenteil: Nun *muß* jeder handeln, wenn er einen solchen Vorgang bemerkt oder selbst involviert ist. Das bedeutet nicht nur für die Opfer, sondern auch für Kollegen eine Entlastung: Jeder hat einen Leitfaden in der Hand, kann sinnvoll reagieren, die entsprechenden Ansprechpartner informieren. Auch Vorgesetzte und Betriebsräte haben die Legitimation zu handeln, sobald sich Psychoterror anbahnt. Und die Mobber haben es schwerer: Eine Hemmschwelle ist entstanden, weil sie mit ihren Schikanen gegen die Leitlinie des Betriebes verstoßen würden und Konsequenzen fürchten müßten.

Die Rechtsanwältin Roswitha Bellmann und KDA-Sozialsekretär Udo Möckel regen an, eine Anti-Mobbing-Vorschrift im Betriebsverfassungsgesetz zu verankern: „Alle Firmen haben eine Ordnung für Katastrophenfälle. Jeder weiß, wo der Feuerlöscher hängt, wenn es mal brennt", so Möckel, „nur wenn es um die Seele des Menschen geht, weiß keiner, wo Hilfe zu finden ist."

■ Schlichtungsmodelle

Auch wenn es um die aktuelle Schlichtung eines Konflikts geht, sorgen Absprachen für Klarheit. Jede Firma kann dabei ein Verfahren entwickeln, das auf ihre Strukturen am besten zugeschnitten ist. Ein mögliches Modell: Können zwei Kollegen einen Konflikt nicht gemeinsam lösen, müssen sie sich an den direkten Vorgesetzten wenden. Der wiederum ist verpflichtet, sich mit den beiden Kontrahenten zusammenzusetzen und nach einem guten Kompromiß zu suchen. Mißlingt der Versuch, muß der nächsthöhere Vorgesetzte eingeschaltet werden. Der allerdings darf nicht mehr nach einer gütlichen Lösung suchen, sondern muß sich für eine der beiden Parteien entscheiden. Ohne Wenn und Aber. Der entscheidende Punkt: Da keiner der beiden Kontrahenten das Risiko eingehen möchte, als Verlierer aus dem Rennen zu gehen, steigt die Kompromißbereitschaft im Vorfeld bereits spürbar. Der Konflikt wird mit Hilfe dieses Modells aller Voraussicht nach bereits im Frühstadium bereinigt.

■ **Mobbing-Beauftragte**   **150**

Viele Experten fordern einen festen Ansprechpartner im Betrieb, der sich   **151**
– analog zum Suchtbeauftragten – sämtlicher Probleme annimmt, die
durch beruflichen Psychoterror entstehen. Das kann ein Betriebsrat sein
oder auch ein allgemein geschätzter Kollege, der besonders geschult wird.
Auch eine außenstehende Fachfrau oder ein Fachmann kommt dafür in
Frage. Vor allem in mittleren und kleinen Betrieben reicht es völlig aus,
wenn ein kompetenter Mobbing-Ansprechpartner beispielsweise mehrere Stunden an einem festgelegten Tag der Woche für diese Probleme zur
Verfügung steht.

■ **Übergeordnete Beratungsstellen**

Auch außerhalb der Betriebe können Beratungsstellen institutionalisiert
werden. DAG-Sprecher Werner Rokahr beispielsweise formuliert es als
eines seiner wichtigsten Ziele, die Berufsgenossenschaften hierbei in die
Pflicht zu nehmen und zur Einrichtung solcher Stellen zu bewegen, die
sozusagen eine neutrale Position einnehmen könnten.

■ **Regelmäßige Aussprachen**

Gerade in großen Betrieben, aber auch wenn ständig Streß und Termin-
druck im Team herrschen, klappt es mit dem regelmäßigen Austausch
zwischen Kollegen oft nicht so recht. Es kommt rasch zur Grüppchenbildung oder auch zu Mißverständnissen. Eine mögliche Gegenstrategie:
Einmal im Monat trifft sich die gesamte Abteilung oder das Team. Der
Auszubildende hat dabei das gleiche Recht mitzureden wie der Vorgesetzte. Thema: Wie läuft es momentan zwischen uns, wo bahnen sich
Schwierigkeiten an? Ein gutes Mittel, um Konflikte bereits im Vorfeld
aufzuspüren und kleine Mißstimmungen zwischen Kollegen auszuräumen. Wichtig dabei: Der Termin für diese Sitzung sollte immer rechtzeitig
festgelegt werden und für alle verbindlich sein. Am besten ist es natürlich,
wenn diese Gespräche innerhalb der Arbeitszeit stattfinden, zum Beispiel
eine Stunde vor Feierabend. Der „Arbeitsausfall" zahlt sich für den
Arbeitgeber aus, ein gesundes Betriebsklima fördert Engagement und
Leistung, vermindert Fehlzeiten. Die „verlorene" Stunde pro Monat
wird in der Regel mehrfach wettgemacht. Ratsam ist es, in der Gruppe
einen Moderator zu bestimmen, der das Gespräch leiten soll.

■ Patenschaften

Wer neu in eine Firma kommt, hat am Anfang manchmal einen schweren Stand und wird unter Umständen auch rasch zum Intrigenopfer. Einige Betriebe versuchen, diesem Problem dadurch vorzubeugen, daß jeder neue Mitarbeiter einem Kollegen anvertraut wird, der bereits länger in der Firma arbeitet. Dieser „Pate" soll nicht nur dazu beitragen, daß sich die oder der „Neue" schnell einarbeiten, sondern auch wohlfühlen kann. Er fungiert als Ansprechpartner in der oft schwierigen Anfangsphase – egal ob es um Lappalien wie den Weg zur Kantine geht oder auch um einen Kollegen oder Vorgesetzten, der vom Neuzugang schwer eingeordnet werden kann.

■ Rechtssituation verbessern

Bereits bei der juristischen Beratung für Mobbing-Opfer sind große Defizite festzustellen; ein Vorwurf, den sich auch die Gewerkschaften gefallen lassen müssen. Bis auf wenige Ausnahmen ist die Rechtsberatung, die den Mitgliedern zusteht, „äußerst ungenügend", wie auch Jürgen Ebeling in seiner Funktion als Betriebsarzt häufig feststellen mußte. „Generell müssen die Gewerkschaften aktiver werden. Ein humaner Arbeitsplatz ist mindestens so wichtig wie 1,5 Prozent mehr Gehalt bei Tarifkämpfen." Bei Reinhold Konstanty, Leiter der Abteilung Umwelt- und Gesundheitsschutz des DGB, stoßen solche Vorhaltungen zwar durchaus auf ein offenes Ohr: „Psychoterror am Arbeitsplatz ist ein zentrales Zukunftsthema der Gewerkschaften." Allerdings muß er gleichzeitig einräumen: „Bisher ist es mir leider nicht gelungen, dieses Problem tatsächlich zum zentralen Thema zu machen." Bleibt zu hoffen, daß die verantwortlichen Funktionäre aller Gewerkschaften diesen Mißstand nicht länger auf sich beruhen lassen.

Inzwischen gibt es zwar Rechtsanwälte, die sich mit diesem Thema befassen – doch leider noch viel zu wenige. Auch in dieser Hinsicht wäre eine stärkere Sensibilisierung also mehr als wünschenswert.

Nicht zuletzt ist natürlich der Gesetzgeber gefragt. Die heutigen Gesetze zum Arbeitsschutz reichen nicht aus, um gegen Belästigungen aller Art wirklich vorgehen zu können. Ein Vorbild sind hierbei die skandinavischen Länder (mit Ausnahme von Dänemark): Die Gesetze in Schweden, Norwegen und Finnland schützen nicht nur das physische Wohl der

Arbeitnehmer, sondern ausdrücklich auch das seelische. Der Arbeitsmediziner Ebeling: „Mobbing führt zu einem psychosozialen Arbeitsunfall, der ebenso ernst genommen werden muß wie andere Gesundheitsschädigungen am Arbeitsplatz. Die rechtliche Situation sollte in Deutschland dahingehend dringend verbessert werden." Darüber hinaus richten sich die Appelle der Experten auch an Ärzte und Psychologen, insbesondere wenn sie in Betrieben tätig sind, aber natürlich auch außerhalb. Klar: Wer gut informiert ist, kann auch besser helfen. Die ersten Bestrebungen, die auf unterschiedlichen Ebenen gegen Mobbing in Gang gesetzt wurden, machen Mut. Doch Verstärkung von allen Seiten – auch außerhalb der Firmen – ist nötig. Dabei sollte allerdings nie vergessen werden: Am wirksamsten läßt sich ein Übel dort bekämpfen, wo es entsteht – also innerhalb jedes einzelnen Betriebes. Demokratische Strukturen statt starrer Hierarchien, Teamgeist statt Konkurrenzdruck, Motivation statt Dauerkritik, offene Kommunikation statt Schweigebarrieren – in einem gesunden Betriebsklima kann Psychoterror kaum entstehen. Stimmt die Atmosphäre am Arbeitsplatz, ist Mobbing tatsächlich tabu – im positiven Sinne.

■ Mobbing allgemein (alphabetisch geordnet)

Das Hilfsangebot für Betroffene erweitert sich derzeit ständig. Deshalb lohnt es sich in jedem Fall, beispielsweise bei den Niederlassungen der Gewerkschaften und Krankenkassen nachzufragen, auch wenn sie im folgenden Adressenverzeichnis noch nicht auftauchen.

Gabriela Brönnecke-Klein
Hundsäcker 37
94353 Haibach
Frau Brönnecke-Klein arbeitet eng mit der DAG zusammen, führt Seminare für Betriebs- und Personalräte durch und steht Betroffenen jeden Montag von 14 bis 18 Uhr am *Mobbing-Service-Telefon* (06021/66043) zur Verfügung. Stichpunkt Rechtshilfe: Die Pädagogin kann Anwält/innen nennen, die mit dem Thema Mobbing vertraut sind. Darüber hinaus veranstaltet sie Seminare inclusive Videotraining für Mobbing-Opfer (Kostenpunkt für drei Tage: 600 Mark).

DAG Hamburg
Holstenwall 5
20355 Hamburg
Tel.: 040/34915-510
Die DAG Hamburg hat einen Handlungsleitfaden „No Mobbing" mit wichtigen Hinweisen herausgegeben, der kostenlos anzufordern ist. Aber auch bei den anderen Landesverbänden kann man Auskünfte erhalten – zum Beispiel auch über Seminare. Der DAG-Landesverband Berlin/Brandenburg (Blissestr. 2-6, 10713 Berlin) hat beispielsweise einen Kurs für betroffene Mitglieder veranstaltet, darüber hinaus sind bereits Schulungen für Betriebs-/Personalräte sowie Führungskräfte geplant.

Dr. Jürgen Ebeling
Winterhuder Marktplatz 21
22299 Hamburg
Bitte nur schriftliche Kontaktaufnahme, da dem Internisten für seine tägliche Praxis ansonsten nicht mehr die nötige Zeit bleibt.

Gesellschaft gegen psychosozialen Streß und Mobbing e.V.
Grüne Str. 14
33175 Bad Lippspringe
Zweck dieser Gesellschaft ist es, Forschung, Lehre, Therapie und Beratung über psychosozialen Streß zu fördern. Die Gesellschaft wendet sich in erster Linie an Fachleute.

IAP Institut für Arbeitspsychologie und Arbeitspädagogik
Dr. Martin Resch
Freschenhausener Weg 35
21220 Seevetal
Tel.: 04105/85150
Das IAP wurde 1989 als eingetragener und gemeinnütziger Verein gegründet. Unter anderem werden Seminare zum Thema „Mobbing" in verschiedenen Städten veranstaltet.

Quo Qualifikation und Organisation
Ilse Jahre
Quenstedtstr. 28
72076 Tübingen
Tel.: 07071/22440
Die Managementtrainerin hat sich auf Mobbing spezialisiert.

KDA Hamburg
Udo Möckel
Wartenau 9
22089 Hamburg
Tel.: 040/251115
Der KDA, eine Einrichtung der Evangelischen Kirche, hat das Thema Psychoterror am Arbeitsplatz sehr früh aufgegriffen. Sozialsekretär Möckel leitet nicht nur den Arbeitskreis (siehe Gesprächskreise), sondern kann auch Kontakte zu Anwälten, Ärzten und Psychologen herstellen, die sich beispielsweise wie Roswitha Bellmann und Dr. Peter Halama intensiv mit Mobbing beschäftigen. Darüber hinaus veranstaltet der KDA an Wochenenden immer wieder Tagungen und Basiskurse zur Konfliktbewältigung am Arbeitsplatz.

Waldsanatorium Bad Lippspringe
Klinik für Psychosomatik und Psychotherapie
Dr. Michael Becker
Postfach 1280
Lindenstr. 12
33175 Bad Lippspringe
Tel.: 05252/29251
Medizinische Hilfe im Rahmen einer sechswöchigen Therapie für Mobbing-Opfer.

■ **Gesprächskreise und Selbsthilfegruppen für Mobbing-Opfer**
KDA Hamburg
Udo Möckel
Tel.: 040/251115
Monatlicher Gesprächskreis „Mobbing – wer schweigt, macht mit" für Betroffene und Betriebsräte.

KDA Stade
Wulf Gräntzdörffer
Dankersstr. 24
21860 Stade
Tel.: 04141/63068
Gesprächsrunde unter kompetenter Leitung für Mobbing-Betroffene.

Arbeitskreis gegen Mobbing,
Initiative zur Beschäftigung von Konflikten am Arbeitsplatz (e. V.)
c/o Barbara Lieber-Degner
Im Junkerstück 47
56076 Koblenz
Tel.: 0261/76457
Der Gesprächskreis wurde von Frau Lieber-Degner im Herbst 1992 gegründet. An den regelmäßigen Treffs nehmen neben Betroffenen auch ein Arbeitsmediziner, ein Psychiater und eine Sozialarbeiterin teil. Darüber hinaus werden auch kompetente Referenten geladen. Bei Redaktionsschluß in Planung: Die Gründung eines Vereins.

Selbsthilfegruppe No Mobbing
Hans-Jörg Rättig
Tel.: 040/2996989

Selbsthilfegruppe Psychoterror
Kiss Altona
Gaußstr. 21
22765 Hamburg
Tel.: 040/395767

Wer sich über *Selbsthilfegruppen* informieren oder selbst eine ins Leben
rufen möchte, kann sich an folgende überregionale Anlaufstellen wenden:
Deutsche Arbeitsgemeinschaft für Selbsthilfegruppen e. V.
Friedrichstr. 28
35392 Gießen
Tel.: 0641/7022478

Nationale Kontakt- und Informationsstelle zur Anregung und Unterstützung von Selbsthilfegruppen (NAKOS)
Albrecht-Achilles-Str. 65
10709 Berlin
(Bitte nur schriftliche Anfragen)

■ Sexuelle Belästigung am Arbeitsplatz

Kanzlei Barbara Degen
Königstr. 9
53113 Bonn
Tel. 0228/213003

Kanzlei Jutta Bartling
Rumfordstr. 5
80469 München
Tel.: 089/2605639

Auch die Gewekschaften setzen sich zunehmend mit diesem Thema
auseinander und bieten Hilfestellungen an (Anschriften nächste Seite.)

Deutscher Gewerkschaftsbund
Abteilung Frauen
Hans-Böckler-Str. 39
40476 Düsseldorf
Tel.: 0211/4301-246
Der DGB hat auch die Broschüre „Nein heißt Nein" herausgegeben. Sie kann von Mitgliedern angefordert werden, ist aber auch im Buchhandel erhältlich.

Gewerkschaft Öffentliche Dienste, Transport und Verkehr
Bundesfrauensekretariat
Theodor-Heuss-Str. 2
70031 Stuttgart
Tel.: 0711/2097-150

Über die genannten Hilfsadressen können Betroffene oft auch Ansprech-partner/innen in der Nähe ihres Wohnortes erfahren. Darüber hinaus leisten auch Frauenbeauftragte und Gleichstellungsstellen Hilfe.